資本主義の宿命
経済学は格差とどう向き合ってきたか

橘木俊詔

講談社現代新書
2744

まえがき

日本が格差社会に入ったと主張されてからおよそ四半世紀が経過した。当初はそれに対して論争が起きた。

一つは、統計上から貧富の格差が確認できるのかどうか、である。

もう一つは、格差は避けるべき課題なのかどうか。これに関しては、小泉純一郎元首相の「格差は悪くない」という有名な発言があった。

第一に関しては、格差は拡大しているとの合意がほぼ得られている。第二に関しては、今でも結着は得られていない。

格差を語るには、①貧困者、②貧富（あるいは所得）の格差、③大金持ち、の三者の視点があるが、歴史的には①と②に研究が蓄積されてきた。①の貧困者についていえば、最悪の場合には餓死に至ることもあるので、貧困はもっとも避けねばならない人道上の問題とのコンセンサスがあり、後に述べる学問における社会政策上においても貧困削減策がもっとも重要な論点であった。したがって現実の世界においても貧困に関する統計の整備は進んでいる。

歴史上で貧困が注目されたのは、15〜16世紀のイギリスであり、キリスト教の博愛主義から貧困排除が議論された。具体的には１６０１年に「救貧法」が制定され、貧困者の救済が進められたけれども、解決策はまだ幼稚で、効力があったのは、時代がかなり進んでからであった。

資本主義の成立は失業者を生む世界となり、職のない人は貧困者の代表なので、経済学は失業の克服を大きな問題として扱うようになった。

本書ではこれら貧困、失業の問題を本格的に検討する。著者も研究書や一般向けの書籍（橘木・浦川『日本の貧困研究』２００６年、拙著『貧困大国ニッポンの課題』２０１５年）を出版して、世の中に警鐘を鳴らして、政策論議を行った。
②の貧富の格差にも同様の関心が払われた。大金持ちとくらべて、どれくらい貧困者が不利な貧しい状態にあるかを知ることは社会政策的な要請があるうえに、貧富の格差是正は大いに論じられたし、統計の整備も進んでいる。
じつは、例えば拙著『日本の経済格差』（１９９８年）、『格差社会』（２００６年）などによって、格差問題が提起されてから、一般社会でも「格差」という問題が取り上げられるようになり、「〇〇格差」という言葉が飛び交う時代となった。

しかし、それもそれほど長くは続かず、世の中では人びとは格差を大きく語ることはなくなった。しかし、現実には格差は縮小せず、静かに潜行しつづけたのである。

一方で、③の大金持ちについて分析されてこなかった理由として次の二つがある。第一に、高所得・高資産保有者の統計がそれほど利用可能ではなかった。第二に、これらの人は成功者の証だし、経済への貢献度があるので、問題とする必要性は高くなかった。

ところが、最近になってフランス人の経済学者トマ・ピケティが自国の長期間の高所得者・高資産保有者のデータを発見して、周到な実証研究を行った。さらに彼は理論モデルを加味して、日本を含めた10ヵ国に拡張した実証研究を行い、資本主義の特色を明らかにした。大金持ちの存在が格差社会の象徴の一つであると明快に主張し、経済学者のみならず社会に大きなインパクトを与えた。本書ではピケティの貢献をていねいに紹介して、その主張を読者に判断してもらえるように配慮した。また、ピケティの後継者は格差大国のアメリカのみならず、中国、ロシア、インドなどにも関心を拡げ、高額所得者の情況と課税の実態について分析をしたので、本書でもそれらを検討する。

格差問題は優《すぐ》れて社会・経済的な問題である。具体的には、格差を是正すると経済成長（あるいは経済効率性）を阻害する可能性があるとされる。これは経済成長（効率性）と公平性（平等性）がトレードオフの関係にあるとみなされているからである。理想を言えば、経済成長率はできるだけ高い方が望ましいし、貧困者のいない社会が望ましいとするのは多くの人が認めるところだろう。

経済学説にはいろいろあるが、代表的に大別すると、近代経済学とマルクス経済学に区分される。そこでこれらが格差、あるいはトレードオフ関係にどういう解釈と対処の方法を提出してきたかを明らかにする。さらに近代経済学のなかでも、新自由主義あるいは市場原理主義に忠実な経済学説と、リベラル色のあるケインズ学派・福祉国家派の二つがある。そこでこれら三種の学説が生まれた経緯とその本質を詳しく検討する。

本書が取り上げる貧困、格差、大金持ちにまつわる問題はいわば資本主義の宿命と言える。資本主義が拡大すればするほど、貧困は深刻な問題でありつづけ、富裕層はますます豊かになっていき、格差は拡大していく。そのように考えて、著者は、格差や富と貧困の問題についてそれぞれ研究を重ねてきた。

現段階において、私たちは資本主義に代わる制度を見出すことができていない。そうである以上、この格差、富、貧困という資本主義の宿命を直視していくことが求められる。アダム・スミス、マルクス、ケインズからピケティまで経済学者たちがどのようにこの問題と向かい合ってきたかを参考にしながら、いかに資本主義の欠点をできるだけ少なくし、多くの人びとが納得できる社会を作っていくかが問われているのである。

貧困、格差、大金持ちを題材にして、読者が経済の問題に関心を寄せて、どういう社会・経済が望ましいかを考えてみる機会を本書が与えることができれば、望外の喜びである。さらに、これまでの著者の研究に基づいて、格差問題にどう対処したらよいのか、ヒントになるような政策を提出した。批判をお待ちしたい。

最後に編集者の所澤淳氏に心より感謝したい。彼のたいへん有意義なコメントによって初稿は大きく改善された。効率的な編集作業を含めて氏に負っている。しかし残されているかもしれない誤謬とその主張に関しては、著者の責任にある。

橘木俊詔

目次

第4章 福祉国家と格差社会――

第5章 ピケティの登場

第6章　ピケティ以降の格差論――137

第7章　経済成長か、公平性か

第1章　格差の現実

1　格差問題とは

所得格差を考える三つの視点

戦後の日本は「一億総中流社会」という言葉に象徴されるように、平等社会と信じられてきた。高度成長期とその後の安定成長期のように、経済は好調ながら国民は平等生活のなかにいると信じられ、それを世界に誇ってきた。

しかし例えば拙著『日本の経済格差』（1998年）、『格差社会』（2006年）で示したように、日本の平等社会に疑問符が付けられるようになった。代表的には、国民の間の所得格差が拡大している事実が示された。

「まえがき」でも少し触れたように、「所得格差」を実証するに際しては、次の三つの視点がある。第一は、格差という言葉が表現するように、高所得者と低所得者の所得が実際にどれほどあるかに注目して、その差が大きいか小さいかを問題にする視点である。例えば、(A) 高所得者の平均所得が1億円で、低所得者の平均所得が200万円の場合と、(B) 前者が4000万円で後者が400万円の場合を比較して、どちらが格差社会としてより深刻かを論じることができる。

もとより、どちらがより深刻かは、人びとの価値判断に依存するが、一方でどちらの場合が経済成長をより高めるか（あるいはより高い経済効率性が得られるか）、という論点をも提供する。本書は、このことについてきちんと議論したい。

第二は、貧困者が社会にどれだけ存在するか、という視点である。もとより貧困者の定義をせねばならないが、上の例では（A）のケースの200万円の方が、（B）の400万円よりも貧困であると判断できる。しかしもっと科学的な見地から貧困とみなせる所得はいくらであるかを探求する必要があるので、本書ではそれを行う。

第三は、貧困者とは対極にある高所得・高資産保有者の存在である。上の例であれば、（A）の1億円というのは高所得者とみなせるが、日本では年所得がおよそ200億円という超高額所得者もいるので、高所得者の間の所得差が相当に大きいと理解しておこう。これだけの所得差があれば、所得税額もかなり異なってよい（これを累進所得税制と称する）、と思う人が多いだろう。本書ではこの累進所得税について考察する。

結果の格差

格差問題に関しては、もう一つの大きな論点がある。それは結果の格差と機会の格差

（機会の不平等といった方がわかりやすい）の差である。結果の格差は、人びとの経済活動の成果としての所得や資産に注目する。

一方、機会の格差は、人びとが経済活動を開始する以前に与えられる条件（代表的には教育をどれだけ受けられるか、さらに企業での採用、賃金、昇進等の決定に差別があるのか、といった課題）に注目して、それらの条件が人びとの間で平等に与えられているかどうかを検証するものである。もとより機会の格差は結果の格差を説明する重要な原因になりうる。

例えば教育を考えてみよう。ほぼどの国でも、高い教育を受けた人（例えば大卒者）は高い所得を得る。その国で誰でも平等に教育を受けられて、誰でも大学教育を受けられるなら、たとえ所得格差があっても、容認される可能性は高いであろう。逆に教育がすべての人に平等に与えられていない（例えば親の所得水準に左右される）なら、所得格差の解明には教育という機会の格差から吟味する必要がある。機会の格差は、教育のみならず企業での採用や処遇、昇進、広くには男女、年齢、人種など種々の機会に関する差別もある。

どれほどの格差を容認するか

結果の格差に関しても、いろいろな話題がある。代表的に二つの話題を提供しておこう。

第一に、高い所得と低い所得の間の格差はどれほどであれば容認されるかの課題である。

例えば、社長と平社員の間の所得格差、である。具体例を出すと、2021年9月22日の日本経済新聞電子版によれば、企業の経営トップと従業員の報酬格差がアメリカでは最大で529倍、日本では最大で174倍にのぼったという。一部のアメリカ人経営者は貰い過ぎと思うが、こうした数字をどう考えるか、これは人びとの価値判断(やさしくは好み、あるいは人生のあり方と言ってよい)にも依存する。

第二は、社長と平社員の所得格差を合理化する考え方についてである。社長はその企業の経営を任されており、その企業の生産性や経営成果を高く保つのに貢献したのだから、高い報酬を払う、という考え方を取れば、経済効率ないし経営効率を高めるためには、指導的な人に高い報酬を払うのは当然ということになる。

でもその格差がどれだけあるのが最適か、という問題になると、個々の企業特質にもよるので一般論は容易ではないが、経済効率にどれだけ期待するかという論点と、社長と平社員の間の所得格差が大きすぎると平社員は貧困になるかもしれず、モラルに反するという論点(平等観と言ってよい)との兼ね合いが重要となる。

この所得格差をどれだけ容認するかという問題は、所得税を語るときの論点でもある。高い所得を稼得している社長に対しては高い所得税率を課し、平社員の所得税率は低くてよい(これを累進課税率と称する)とする制度は、一般に容認されている原則である。

しかし、社長にあまりにも高い所得税率を課すると、社長は働いてもムダだと思って、勤労意欲を失うかもしれない。社長が働かなくなるとその企業の経営実績は低下する可能性があるので、経済効率を保持するためには、社長に高い所得税率を課することは避ける(すなわち社長の課税後所得の高いことを容認する)べきということになる。

ここで述べたことは、経済効率性と平等性(人びとの課税後所得はできるだけ平等が望ましいとする考え方)の対立ということになる。すなわち所得格差の大きいほど経済効率性は高まり、効率の小さいほど平等性が高まる、という命題が得られる。これを経済哲学では、「経済効率性と公平性のトレードオフ」と称する。この命題をどれほど信じるかによって、所得格差をどう評価するか、の目安になる。この話題に関しては、マルクス経済学がより平等性を重視し、近代経済学はより経済効率性を重視すると理解してよい。

2　拡大する所得格差

貧富の差を示す統計指標

格差社会の現実がどうなっているかを検証しておこう。結果の格差を示す代表例として所得格差があるが、所得格差の検証方法に関しては研究の蓄積がある、貧困者と貧富の格差に注目して現実を知ることにする。

高所得者と低所得者の間の所得差を端的に示す統計指標にはいくつかある。すなわち、所得格差の程度を示す数字の指標である。例えば、①トップ（あるいはボトム）何名の高所得者（あるいは低所得者）の得る所得総額が全人口の所得総額に占める比率、②ジニ係数、③アトキンソン指標、④タイル指標、⑤対数分散、など各種ある。

これらのうちもっともわかりやすく、かつ頻繁に用いられる指標はジニ係数である。学問的にいえば、アトキンソン指標（人びとにとって社会で好ましい所得分配はどういう姿か、の価値判断をいろいろ前提にして、所得格差を計測する指標）、タイル指標（エントロピー〈情報の価値〉を考慮したうえで格差の計測された指標）のように価値の高いものもあるが、これらは種々の高度に学問的な側面に配慮せねばならず、解釈が複雑になる。ジニ係数が何よりも単純明快なので、ここではこの指標を用いる。

ジニ係数はイタリアの統計学者ジニによって開発されたもので、0・0（完全平等）と1・0（完全不平等）の間の値をとる。数値が大きいほど不平等度が高い（すなわち所得格差が大きい）ということになる。日本での過去から現在までの推移と、国際比較に注目しておこう。

表1-1　所得格差の推移（ジニ係数）

年度	再分配前所得	再分配後所得
1972	0.354	0.314
75	0.375	0.346
78	0.365	0.338
81	0.349	0.314
84	0.398	0.343
87	0.405	0.338
90	0.433	0.364
93	0.439	0.365
96	0.441	0.361
99	0.472	0.381
2002	0.498	0.381
05	0.526	0.387
08	0.532	0.376
11	0.554	0.379
14	0.570	0.376
17	0.559	0.372
21	0.570	0.381

出所：厚生労働省『所得再分配調査』

90年代に上昇したジニ係数

表１－１は１９７２年から現代まで（ほぼ50年）のジニ係数の推移を示したものである。再分配前所得と再分配後所得の二つに関して計測されているが、前者は引退した年金受給者の所得がゼロ（すなわち勤労所得がゼロ）として計測されているので、誤解を与える恐れがあり解釈を控える。再分配後所得とは、再分配前所得から税金と社会保険料の支払い額を差し引き、年金、医療、介護、失業給付、生活保護などの社会保障給付額を加えた所得である。

１９７０〜１９８０年代は安定成長期だったので、所得分配に大きな変動はなく、ジニ係数は０・３１〜０・３４であった。それが１９９０年の数値を見ると、０・３６に急上昇し、大幅に所得格差が拡大したことがわかる。原因の一つとしては、1980年代後半のバブル期では株価と地価の高騰があったので、資産家の金融所得が高くなり、所得格差の拡大の余韻が残っていたことが挙げられるだろう。

1990年代には「失われた30年」とされる不景気が始まり、低所得者の数が増加して所得格差は拡大に向かっていった。21世紀に入る頃、それがますます深刻となり、ジニ係数は0・38を超えた。表1－1では1950〜1960年代の高度成長期の数字は示されていないが、この時代は平等主義の時代、あるいは格差の小さい時代であったことは皆の知る事実なので報告していない。結論として、戦後から20世紀末にかけて日本は一気に所得格差において相当程度の拡大が進行して、今もそれが進行中と解釈できる。

先進国のなかでも所得格差の大きい日本

日本の所得格差が拡大してきたことはわかったが、その水準がどれほど深刻であるかは、他国との比較によって明確になる。表1－2は一部の中進国と多くの先進国のジニ係数を示したものである。いろいろなことをこの表から解釈できる。

第一に、先進国と中進国（この表ではメキシコとコロンビアで代表）を比較すると、総じて先進国の方のジニ係数が低く、経済が発展・成熟すると格差は小さくなる。

表1-2 再分配所得の国際比較
2019年

コロンビア	0.480
メキシコ	0.427
トルコ	0.402
アメリカ	0.388
イスラエル	0.345
韓国	0.337
イタリア	0.334
オーストラリア	0.327
日本	0.327
スペイン	0.325
イギリス	0.313
スイス	0.306
カナダ	0.301
フランス	0.298
ドイツ	0.297
スウェーデン	0.286
オランダ	0.271
デンマーク	0.266
フィンランド	0.262
ノルウェー	0.260

出所：The Standardized World Income Inequality Database v9.5

第二に、先進国のなかでも所得格差の大きい国は、アメリカ、イスラエル、韓国などであり、ほどほどの格差を示すのはイギリス、フランス、ドイツといったヨーロッパの大国である。

第三に、格差の小さい国、あるいは平等性の高い国はスウェーデン、デンマーク、フィンランド、ノルウェーなどの北欧諸国である。これらの国はいわゆる福祉国家として有名であり、賃金格差が小さいうえに、政府は国民に手厚い社会保障制度を提供しているし、税制における累進性も強いので、国民の間での所得格差は小さくなるのである。

日本についても論じておこう。先進国として評価すると、アメリカほど高くはないが、他の多くの国よりもジニ係数が高く、所得格差は大きい国である、と判定してよい。これはとても重要な事実で、日本は先進国のなかでもかなり所得格差の大きい国になっている。

先ほど確認した事実、すなわち戦後の日本は所得格差がかなり拡大してきたことと、国際比較において先進諸国のなかでも相当に所得格差が大きいという事実と合わせると、日本は所得格差のかなり大きな国になっている、と結論づけられる。格差の国、日本なのである。

3　貧困大国ニッポン

絶対的貧困・相対的貧困・生活保護基準

所得格差につぐ関心は貧困である。じつは著者は所得格差よりも、貧困の存在自体が、格差問題においてより重要な課題であると判断している。貧困を定義するのはそう困難なことではないが、計測は容易ではない。貧困に苦しむとは、最低限の生活ができないことに等しいと、直感的にはよくわかる。国民の何％の人が貧困に苦しんでいるかを計測することによって、分析と政策の議論が始まる。

その計測自体がさまざまな課題を抱えている。貧困の定義には次の二つがある。すなわち、①絶対的貧困、②相対的貧困、である。

絶対的貧困とは、食料費、衣料費、住居費、交通・通信費、光熱費などの生活基盤に必要な経費に注目して、人が最低限生きるためにどれだけの金額が必要かを積算して、その額以下の所得しかない人を貧困者と定義する。

この絶対的貧困がいくらの額であるかを計測するには多大な困難が伴う。例を挙げれば、食料費がどれだけ必要かに関しては、最低エネルギー量の算出方法についても栄養学においてなかなか絶対的な定説がない。光熱費に関しては、札幌では暖房費は必要であるが、沖縄では逆に冷房費が必要である。日本人全員が高校に進学すべきというコンセンサスがあれば、子どもの高校教育費は必須支出となるが、まだコンセンサスはない。アメリカ人にとって車は必需品であるが、日本ではまだそう考えられていない。

アメリカを含めた欧米諸国では絶対的貧困（貧困ラインと称されることもある）が計測されている国もあるし、日本でもかなり以前には計測された時代もあったが、あまりにも問題が多いとして計測が中止されている。

一方の相対的貧困は、生活するうえで必要な経費はいくらか、という計測上の困難さを避けて、所得分配の現状、特に他人の所得との比較を通じて、このくらいの所得なら恥も感じずに満足に生きられるであろう、とする所得以下の人を貧困者とみなす。

具体的には、所得額の高い人から低い人を順に並べて、真中の順位にいる人の所得（中位所得と称する）の50％に満たない所得しかない人を貧困者とみなす。これらの人が全人口に占める比率を相対的貧困率と称する。この定義の最大のメリットは、絶対的貧困における計測の曖昧さと、そもそも人によって何がどれだけ必要かは大いに異なるとの事実から逃れて、所得分配の現状に注目して、人びとがどれほど他人と比較して劣位にあると感じるかを想定して、貧困を定義するのである。

国際比較においてすべての国で同一の基準で貧困が定義・計測されているので、相対的貧困率は比較可能性がとても高いというメリットもある。

このような二つの貧困概念とは別に、日本では「生活保護基準」として、これ以下の所得しかない人に生活保護支給をすることが法令で定められている。地域別や家族人数別に額が決められていて、これを貧困線ともみなせる。具体的にどう計測されているかは、とても複雑であり、紙面を必要とするのでここでは書かない。じつは橘木・浦川『日本の貧困研究』（２００６年）では、この生活保護基準による貧困率、絶対的貧困率、相対的貧困率を２０００年度でおよそ14％と計測している。この三者の貧困率には大差がない、と理解してよい。そこで本書では国際比較上で価値の高い相対的貧困率を用いて分析を進めることにする。

表1-3　日本の相対的貧困率の推移

年代	(%)	年代	(%)
1985	12.0	2006	15.7
88	13.2	09	16.0
91	13.5	12	16.1
94	13.8	15	15.7
97	14.6	18	15.7
2000	15.3	21	15.4
03	14.9		

注：貧困率は相対的貧困率で計測されている（2018年以降は新基準）
出所：厚生労働省『国民生活基礎調査』

２０１２年には16・1％――相対的貧困率

日本の貧困の現状を、相対的貧困の定義・計測によって検討しておこう。表１－３は日本の過去30年強にわたる貧困率の推移である。表１－４はＯＥＣＤ諸国（主として先進諸国）における貧困率である。国際比較の視点から日本の位置を確認するためのものである。

表１－３にあるように、日本に関しては、１９８５年（安定成長期の終了期とバブル期の直前）では12・０％だったので、そう高い貧困率ではなかった（もっとも表１－４における先進国との比較に注目するとわかるように、やや高い貧困率であったことも無視できない）。

その後貧困率は徐々に高くなって、２０１２年の最悪期には16・１％に達している。この時期は低成長期、あるいは不況期の時代が進行したのであり、経済の低迷が貧困者を多く生むという当然の事実の証明になっている。それ以降貧困率はやや低下したとはいえ、その水準は相変わらず高いと言ってよい。

表1-4 OECD諸国の相対的貧困率

順位	国名	割合
1	アイスランド	4.9
2	チェコ	5.3
3	デンマーク	6.5
4	フィンランド	6.7
5	スロベニア	7.0
6	ベルギー	7.3
7	アイルランド	7.7
8	スロバキア	7.8
9	ノルウェー	7.9
10	オランダ	8.2
11	フランス	8.4
12	カナダ	8.6
13	ハンガリー	8.7
14	ポーランド	9.1
15	スウェーデン	9.2
16	オーストリア	9.6
17	ルクセンブルク	9.8
18	スイス	9.9
19	ドイツ	10.9
20	イギリス	11.2
21	ニュージーランド	12.4
22	オーストラリア	12.6
23	ポルトガル	12.8
24	ギリシャ	13.0
25	イタリア	13.5
26	リトアニア	14.1
27	トルコ	15.0
28	韓国	15.3
29	日本	15.4
29	スペイン	15.4
31	エストニア	15.8
32	アメリカ	16.4
33	チリ	16.5
34	メキシコ	16.6
35	イスラエル	16.9
35	ラトビア	16.9
37	コスタリカ	20.3
	OECD 平均	11.4

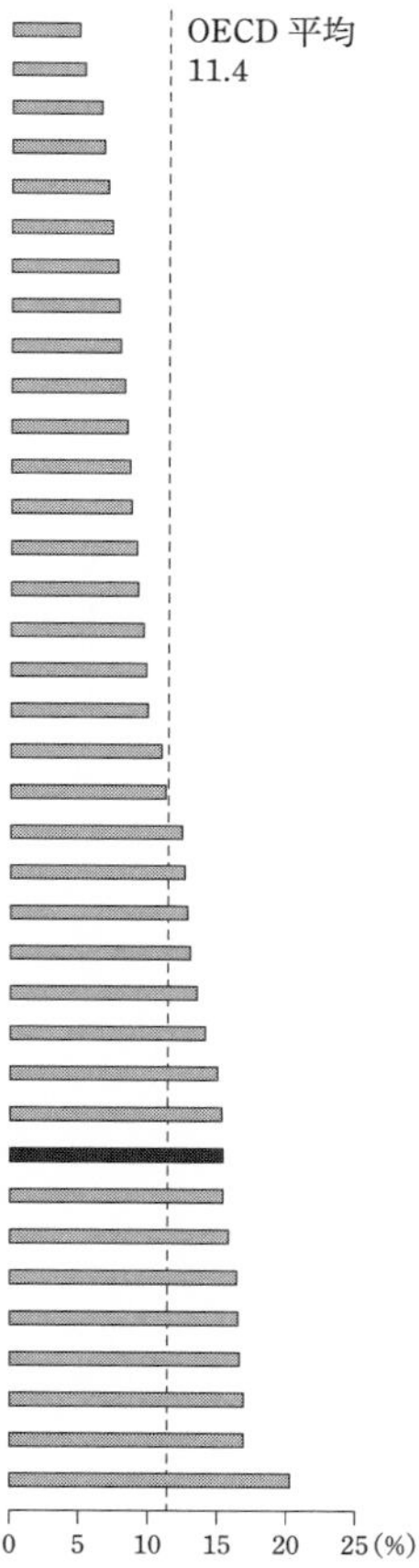

注：2020年が基礎であるが、国によって多少のバラツキあり
出所：こども家庭庁「こども貧困対策・ひとり親家庭支援の現状について」
OECD『Income Distribution Database』に一部加筆して作成

単身世帯の資産ゼロは34・5％

そのことを確認するために、表1－4によって国際比較上で日本の位置を知っておこう。まずこの表でわかることは、コスタリカはOECD加盟国であるが、一人当たりGDPは世界68位（2022年）と低いので発展途上国とみなすと、貧困率は先進国のそれよりもかなり高い。

経済発展が遅れていると貧困者はとても多く存在し、経済が発展すると国は豊かになるので、貧困者の数はかなり減少する、という経済原則の証拠になっている。

次に日本を含めて先進諸国に注目してみよう。すべてのOECD諸国を列挙するのではないが、大別して三つのグループ（貧困率の高い国、中位の国、低い国）に分けられる。高い国とは、日本、アメリカ、韓国などが該当し、中位の国については、イギリス、ドイツ、フランスなどのヨーロッパの大国が該当し、低い国はデンマーク、アイスランドなどの北欧諸国である。北欧諸国の貧困率はほとんどが5～8％の低水準であり、これらの国は貧者と富者の間の所得格差の小さい国でもあることが特筆に値する。福祉国家の面目躍如である。

最後に、日本と経済状況が似ており、政治的な結びつきの強いG7の国々（日米伊英独仏加）での相対的貧困率を最新のデータ（2021年度）に即して示したのが図1－1である。

これによると日本はなんとG7の国々のなかで最悪の相対的貧困率である。これまでは少なくともアメリカよりは低かったが、最新の数字によると資本主義の盟主国であるアメリカよりも高いことがわかり、とても残念な現象を示している。

もう一つ日本の貧困の深刻さを示す指標として、金融資産をまったく保有しない家計の多さがある。日本銀行の2022年の統計によると、資産ゼロ（貯蓄なしと考えてよい）は二人以上世帯で23・1%、単身世帯で34・5%の高さになっている。何かの理由で収入がなくなったとき、蓄えがないのでたちまち生活苦に陥る人の割合は、2～3割に達していることを意味しており、貧困予備軍の多さを示している。

日本に関して結論を述べると、日本の貧困率は先進国のなかでもトップ級に属するほど高い国ということになる。日本を格差社会の国であると理解すれば、それは先進国のなかでも目立つ貧困率の高さによって象徴されるのである。

図1-1　G7各国の相対的貧困率

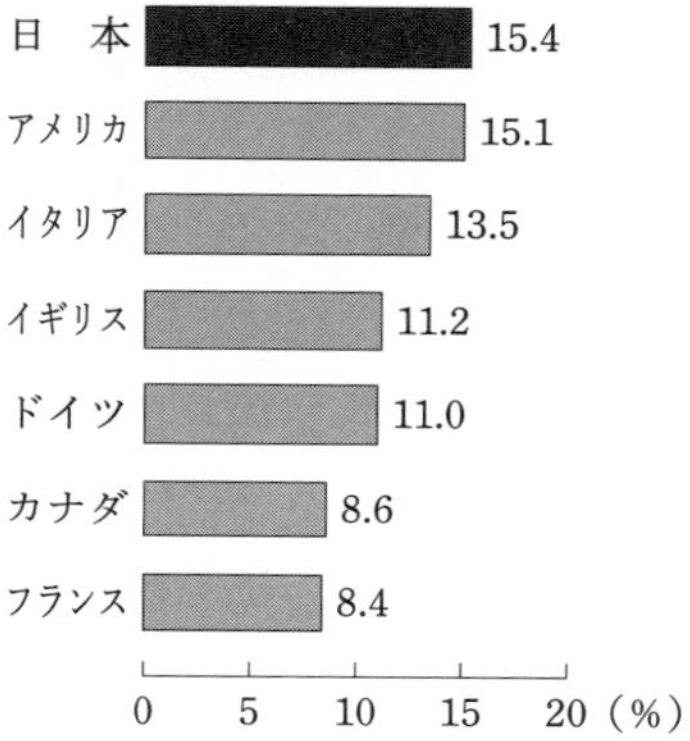

出所：2021年度版OECD統計

若者と高齢者の貧困率が高い理由

貧困の発生する理由については、橘木・浦川『日本の貧困研究』(2006年)と拙著『貧困大国ニッポンの課題』(2015年)で詳しく論じたことがあるが、それらをもとに要約してみよう。

貧困者の多い理由を議論する前に、誰が貧困者になるかを簡単に知っておこう。まず単身者と既婚者を比較すると、圧倒的に単身者に多い。単身者のなかでも若年層と高齢層に目立つ。景気が悪くなると日本企業では若年層の採用を控えるので、若者の失業率が高くなる。たとえ失業者でなくとも勤労する若者の賃金は年功序列制によってかなり低く抑制されていたことも要因となる。引退した高齢者には働く場所がないので稼ぐことが不可能だし、かなりの割合の高齢者の年金受給額が低いことも原因である。

男性と女性を比較すると、勤労世代での賃金は女性差別の存在によって男女賃金差があるし、女性にパート労働などの非正規労働者が多いので、女性の賃金は低い。引退した女性高齢者においても勤労していた時の賃金が低かったので、女性高齢者の年金額は低くなる。

もっとも深刻なケースは、母子家庭で母親が一人で子どもを養う場合や、専業主婦だった女性が夫を亡くし遺族年金しかないような場合で、所得が非常に低くなる。

抑制されてきた最低賃金

以上のように、高齢者（特に単身女性）と若者（特に母子家庭）に貧困者が特に多くなるのであるが、さらに次のような経済的要因と制度的背景が加わる。

①失われた30年（あるいは20年）と称されるように、日本経済の低迷は顕著であり、失業者が増加し、かつ賃金の伸びはきわめて小さく、時にはマイナスになることもあった。

②日本の社会保障制度（年金、医療、介護、失業など）はヨーロッパと比較すると不十分であり、経済的困窮に陥る確率は高くなる。これは支給額のみならず、制度の加入から排除される人（特に非正規労働者）がかなりいた。

③戦後一貫して（特にここ20〜30年において）家族の絆が弱くなり、家族間の経済支援の程度が弱まった。同時に人口構成において単身者の比率が高まった。

④労働市場において年功序列制が強かったので、若者が低賃金に苦しんだ。ここで過去40年弱の期間、非正規労働者の割合がいかに推移してきたかを図1−2で見てみよう。1984年には15％程度であったが、その後比率が急上昇して、2019年には38・3％の高さにまで上昇した。労働者の4割弱が非正規労働という異様な姿になった。

図1-2 非正規雇用割合の推移

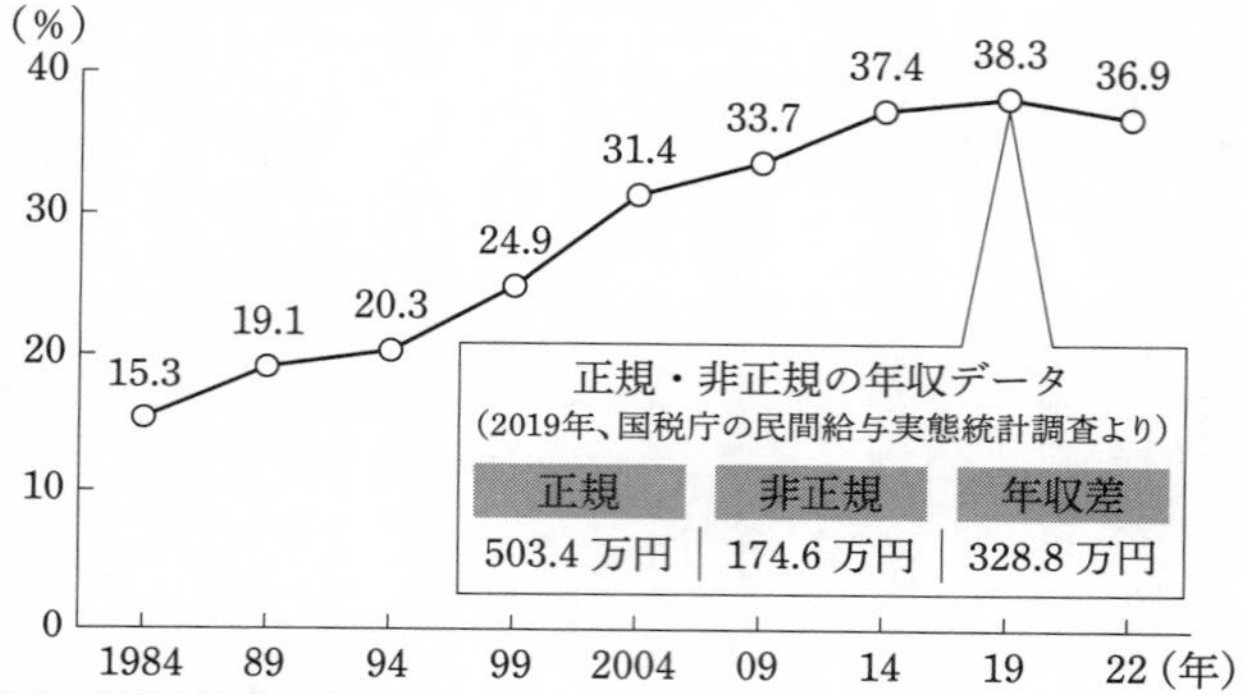

出所：総務省『労働力調査』

表1-5 G7における1時間あたり最低賃金額（2020年度）

	現地通貨	円表示
日本	901 円	901 円
アメリカ	7.25 ドル	788 円
カナダ	11.15～15.0 カナダドル	933～1,256 円
ドイツ	9.35 ユーロ	1,139 円
イギリス	8.21 ポンド	1,183 円
フランス	10.15 ユーロ	1,237 円

注：国によっては、年齢、産業、地域によって適用対象や額が異なるが、ここでは国水準での平均額である
イタリアには最低賃金制度はない
円換算は 2020 年 1 月 1 日の為替レートを使用
出所：厚生労働省『最低賃金の国際比較』

急上昇の要因として、既婚女性が子育てと家事に従事したいため、短時間労働を希望したこともあるが、経営側が労働費用節減のため、その形態を欲したことが大きい。さらにここ20〜30年の間にパート・派遣の期限付き雇用などの非正規労働者が増加した。

図にも示されているように非正規労働者の賃金・所得はかなり低い。企業にとっては不景気が深刻になればすぐに解雇できるメリットも重視された。なお2022年には比率が多少減少しているのは、社会で非正規労働者が多過ぎるとの批判が高まり、経営者もその数を減少させようとしたからである。

⑤日本の最低賃金制度においては、最低賃金額が低く抑制されてきた。それを知るためにG7との比較で日本の最低賃金の数字を表1－5で示しておこう。日本はアメリカよりは多少高いが、基本的には他国と比較して低い水準にある。じつはここ数年、日本は最低賃金を高めてきたのであり、それ以前ではかなり低かったことを強調しておきたい。もう一つの特色として、日本では最低賃金以下で働いている人が相当数いるという事実を忘れてはならない。厚生労働省の『最低賃金に関する基礎調査』によると、最低賃金以下で働く人の労働者を未満者とみなして、その未満率を推計している。2022年ではそれが1・8％と推計されている。極端に高い割合ではないが、無視できない数字である。

⑥日本の生活保護制度は不十分である。その典型例は、20％前後という低い捕捉率（生活保護支給を受けることのできる低い所得であり、実際に政府から支給されている人の割合）で示される。西欧諸国では50％を超えているし、国によっては80％にまでなっている。このことからも制度は十分に機能していないと結論づけられる。

第2章　資本主義社会へ

1　資本主義以前の貧困対策

支配階級と被支配階級

本章ではまず所得格差が発生、拡大したことと、貧困者の増加した理由を、超長期の歴史的見地から、駆け足になってしまうが、簡単に述べておこう。

人類社会の誕生とともに支配階級と被支配階級の両者が発生した。食料を獲得するための狩猟社会では、獲物を得るための器具を保有する者と、それを持たない者との間で差が生じた。農作物を耕す社会になると、土地を保有する者（地主）とそれを保有しない者（あるいは土地を借りて耕す小作人）の差が明確になり、身分社会の象徴となった。

時代が進むとともに、地主のなかにも有力な者が現われて、他の土地を獲得するようになり、大地主の誕生となる。大地主の一部は地域の有力者となり、いずれその地域の統治者となり、城を建築して封建領主（あるいは貴族）として君臨することとなる。

ここで同時に重要な職業が誕生する。それは武器を用いて戦う兵士（西洋であれば騎士、日本であれば武士）である。領主や貴族に雇われて常時兵士として戦う場合もあるし、平時は農業に従事し、いざという戦時だけ戦う兵士もいる。主として他地域での略奪か、他領主との争いの時に武器を持って戦う身分である。

領主や兵士のなかには権力を大きく持つようになって、大封建領主（あるいは王や皇帝、大名と呼んでよい）になる者も出てきて、政治権力の象徴となった。配下には多くの貴族、騎士、武士、農民、商工民を従えたのである。

もう一つ重要な職業が誕生している。それは聖職者である。西洋ではキリスト教が深く社会に根付いており、カトリックの神父、プロテスタントの牧師は人民の尊敬を集めていた。聖職者の世界でも権力の発生があり、地域でも支配階級に準ずる地位を占めるようになった。その象徴例がカトリック教の総本山のトップであるローマ教皇である。時にはローマ教皇の政治権力は、国王や皇帝をも上まわることがあった。

ピケティは2019年刊行の『資本とイデオロギー』のなかで「三層社会」と命名して、聖職者宗教階級、貴族戦士階級、平民労働階級を論じた。前二者が安全保障、司法、領主権を行使する支配階級であり、後者が被支配階級であるとした。

日本においても仏教における僧侶、神道における神主は聖職者とみなせるが、両者がヨーロッパのような支配階級になったことはなく、西洋と日本には違いがあると理解したい。日本では僧侶などは大名の精神的支柱になることが多かった。封建領主のように戦う時代もあったとはいえ、決して非常に強い政治権力まで持つことはなかった。

それはともかく、当然のことながら支配階級と被支配階級の間には身分による権力格差があるし、所得と資産に関しても格差があった。貧困に注目すれば、平民労働階級（農民、商工業者）のなかで特に恵まれない立場にいた人は貧困者として苦しんだのである。

しかし後の資本主義の時代に入ると、平民のなかでも資本家あるいは経営者として成功する人が出てきて、格差の上の階級になる人が登場した。後に詳しく論じる。

救貧法と現代の福祉

中世、近世において格差是正策、貧困救済策はあったのかを簡単に論じておこう。当時の社会では格差問題への関心は高くなかったが、さすが死に至ることもあるかもしれない貧困に対しては関心があり、対策が講じられた。

時に西欧においてはキリスト教の博愛主義に立脚して、救援策が実行された。その象徴は、イギリスの「救貧法」である。１６０１年にエリザベス一世によって制定されたものである。じつは救貧法の起源は１０１０年にまでさかのぼるが、明文化されたものではなく、王室あるいは教会による命令、あるいは覚書きとみなした方がよい。

重要なことは教会が役割を果たす点にある。教区ごとに教会が集めた税金（あるいは献金）

を資金として、働くことのできない人に支給を行った。国家が国税を用いて給付する方策ではなく、あくまでも教会が主体なので、福祉国家とはみなせない。

ただし、救貧法は現代における福祉の原則に通じるものがある。すなわち、①働けない者だけに支給する。②働けない者の親族には、救貧する前にまず扶養義務がある。③働けるのに働かない者には強制労働を課する。

②に関しては、福祉の提供者として家族・親族か、あるいは社会・政府か、という選択を問うており、現代での課題でもある。③に関しては、福祉にタダ乗りしようとする者は現代でも存在しており、それを排除するためのものである。強制労働施設はイギリスではワークハウスと呼ばれ、強制労働する人が多くなって費用が多額になり対策に困ったという歴史がある。福祉に関する現代的課題が救貧法の時代から発生していた、と理解してほしい。

最後に、1795年のスピーナムランド制を述べておこう。低賃金による貧困層が増え、ワークハウスでは対応しきれなくなったことを受け、大人が生活するために必要な賃金支払いをすべし、というヤング法によって定められた。もし企業がこの額を支払えないのなら、政府は補助金を払うべし、という制度である。これは現代における最低賃金法の起源とみなせる制度となっている。

日本最初の貧困対策──恤救制度

ここで日本における貧困対策を簡単にふりかえっておこう。

人類始まってすぐに貧困は見られたが、それは日本も例外ではなかった。生きていくための食料が不足するという事実を貧困とみなせば、農業における飢饉や天災が代表的な要因となった。為政者が食料を庶民に分け与える政策を多少は行ったが、それは不十分なことが多く、古代や中世の日本においては、飢饉によって庶民が餓死に至ることは珍しくなかった。

近世に入ると、幕府や諸藩は食糧政策として品種の改良、灌漑対策、農地拡大などを押し進めて、飢饉の発生を未然に防ぐ対策を行ったのでこれらは広い意味で貧困対策と考えてよい。もう一つ農民を苦しめたのは重い税金である年貢であった。「○○の改革」などと呼ばれるように、時の為政者は時折幕府や諸藩の支出を削減したり、年貢を減らしたこともあったが、基本的には限定的な効果だった。

明治新政府になると1874（明治7）年に「恤救《じゅっきゅう》制度」を導入して、貧困者に扶助を行うようになった。これは政府における日本の最初の貧困対策と評価できるが、質量ともにきわめて限定的であった。

その後時代が進んで社会も多少豊かになったし、大正時代には社会主義の台頭もあり、社会政策は徐々にではあるが浸透するようになった。日本の社会保険制度は、年金や医療保険の創設が太平洋戦争の直前に定着しており、この時代を貧困対策の本格的開始とみなしてよい。戦後の発展は本書でも言及するので、日本の貧困対策の概要は一応ここでとどめる。

しかし一つだけ付記しておきたいことがある。それは貧困対策の重要な政策である「生活保護制度」である。1918（大正7）年に「方面委員（現在の民生委員のこと）制度」が大阪で開設され、社会に貧困者の存在することを見つけて支援する制度が定着し、1929（昭和4）年に貧困者を救済する「救護法」が導入されたのである。

2　資本主義と自由な経済活動

資本主義の生成

資本主義以前にヨーロッパを席巻したのは重商主義である。15〜17世紀のヨーロッパでは、本国ヨーロッパの絶対君主制による国力と軍事力を背景に、アジア、アメリカ、アフリカ大陸を次々に植民地化した。綿花や羊毛など、植民地での産品を本国に輸入して、織物などを生産・輸出することで経済の繁栄に寄与した制度が重商主義であった。

重商主義時代に経済学の萌芽は見られる（例えばトーマス・マンの貿易差額主義など）が、後の時代の経済学と比較すると今日的な意義はそれほど大きくないので、これ以上言及しない。

重商主義が進むとともに、植民地から綿花を安値で輸入して、本国で綿織物の生産を増加させ、輸出にまわす経済が発達した。大量生産をする必要度が増し、工場をつくって生産活動を行い、それに従事する労働者を農地から移入する（囲い込み運動と呼ぶ）ようになった。これらの活動が大規模化すると、工場を保有・経営する資本家が誕生した。そして資本家に雇われて生産に励む労働者が大量に生まれたのである。これが資本主義の萌芽である。

その際、イギリスでは蒸気機関の開発と、鉄鋼業の発達が同時に見られ、効率的に種々の工業製品の生産に励むことのできる体制ができつつあった。それが18～19世紀にイギリスで始まった産業革命であり、イギリスは世界に先駆けて経済大国となり、大英帝国としてのみならず、世界の資本主義大国になれたのであった。

資本主義とは、私有財産制を前提として、個人ないし企業が生産手段（土地、建物、機械設備など）を保有して、モノの生産やサービスの提供に努め、それらを販売しながら利潤の獲得を目的とする制度である。その際に人を採用して労働に従事してもらい、対価として賃金を支払う。さらに、個人ないし金融機関から資金調達して各種の工場建設や機械設備の投資を行う。見返りとして利子、配当を支払う。

資本主義の運営方式には株式会社方式、合資会社方式、個人企業方式などいろいろあるが、現代では株式会社方式が一般的である。株式会社は個人ないし法人に株式を発行して資金を調達し、それを原資としてモノとサービスの生産に従事するのである。

自由な経済体制がもたらす勝者と敗者——ヒューム

資本主義を肯定する哲学・思想を検討しておこう。まずはその根幹となる自由主義である。この思想を現代の新自由主義、あるいはリバタリアニズム（自由至上主義）の走りとみなすこともできる。これを格差社会に関連づければ、自由な経済活動の結果は効率的な経済成果を生むが、同時に勝者と敗者を生むことになり、両者の間の格差は大きくならざるをえない。このことをすでに18世紀には認識していたのがデイヴィッド・ヒューム（1711～1776年）である。

ヒュームは平等主義を強く尊重すれば、経済は弱くなって全員が貧困者になりうることがあると主張して、「平等主義は避けたほうが好ましい」と主張した。この主張は現代においても一定の支持があり、自由な経済活動を容認する資本主義を肯定する一派（例えば市場原理主義論者など）の精神的支柱になっているので、現代の格差社会を議論する際にも有用な思想である。

資本主義の経済思想といえば、アダム・スミス（1723〜1790年）を思い浮かべる読者も多いであろう。

資本主義経済の解明に寄与した経済学者であるアダム・スミスは「経済学の父」とも称される栄誉に浴している。主著は『国富論』（1776年）として知られる。

スミスは重商主義を批判することから始める。工場において生産体制を効率的につくり上げ（それは有名なピンの生産で象徴される分業で説明された）、生産品が市場で売買される市場メカニズムを重視した。その時に重要なこととして、企業、市場ともに自由な競争による生産や取引が確保されねばならないとする。この自由な経済体制が資本主義の根本条件とみなされるようになった。

この自由な経済取引、あるいは自由な市場主義を主張したアダム・スミスであるが、スミス以前にこれらのことを主張していた論者のいることを忘れてはならない。それはくりかえしになるが、イギリス人の哲学者、デイヴィッド・ヒュームである。それに加えて、フランス人の経済学者、フランソワ・ケネー（1694〜1774年）である。

市場経済学者と道徳哲学者の顔――アダム・スミス

ヒュームについては、拙著『課題解明の経済学史』（2012年）でも紹介したが、ヒュームは「経済的自由論」を主張して、本来人間の本性は欲望の深い動物であり、欲望の追求は悪いことではないとした。しかし、人間の欲望の大きいことと比較すると、それを充足するための資源と手段には限りがある。その欲望を満たすためには、個人の特質を最大に生かせる体制が必要であるということで、分業を勧められ、人間の自由な経済活動を保障することが鍵であるとした。そして競争の存在を肯定した。アダム・スミスが唱えた分業、自由な経済体制が、ヒュームの影響を強く受けているのがわかるだろう。

また、農業が経済の根幹にあると主張したフランス人のフランソワ・ケネーは重農主義者として有名であるが、同時に「レッセ・フェール」（自由放任）を経済思想として主張した（ケネーに関しての詳しいことは、例えば拙著『フランス経済学史教養講義』〈2021年〉参照）。当時のフランスでは封建領主が土地を保有して、農民の生産活動を自由に行えるようにはしていなかった。ケネーは、農民の自由な発想に任せる自営農民的生産活動こそが、農業ひいては経済の発展に寄与すると信じた。

スミスは、農産物が国のすべての収入をもたらすとする重農主義の考え方について、ケネーが不生産階級と称した商工業者も本源的生産を行っているとして批判をしている。しかし、専制君主や地主が農業生産にさまざまな規制を設定すると農業はうまく機能しないので、穀物価格の決定は自由市場に任せておくべきとするケネーの穀物取引の自由についての考え方、自由放任主義は、『国富論』に大きな影響を与えているのがおわかりだろう。ケネーが「経済学の祖」とも言われる所以である。

アダム・スミスというと、主著の『国富論』があまりに有名であるが、近年の研究でも強調されるように、彼の思想はそれだけにとどまるものではない。自由な競争による勝者をめざすことは、人の健全な野心を満たすために容認されることであるが、不正な取引によって勝者の冠を得る方法は、人間道徳上は許されないと主張していたのがスミスである。スミスは経済学者になる前は、市場参加者が取引の相手を欺く行為を行ったり、情報を隠蔽して、不当な利益を得るような行為を否定する思想を提言する道徳哲学者でもあった。その道徳哲学者としての実力が発揮されているのが名著の『道徳感情論』である。

スミスを自由経済の信者としての経済学者とみなすか、あるいは不正な取引行為を排することを主張した道徳哲学者とみなすかは、人によって好みは異なるであろう。筆者は双方ともに価値のある思想を主張した論者としてスミスを評価するが、残念ながら自由経済、あるいは市場原理主義の結果として発生するかもしれない格差に関しては、スミスはさほど述べていない。一人の思想家にすべてを求めるのはムリであるし、その時期はまだこの考えは熟していなかった。

3　社会主義の登場

労働価値説

社会主義は、今日ではアンチ格差社会への有力な経済思想となった。現代の格差社会（すなわち高所得者と低所得者の存在）を見渡せば、高所得者を強者、低所得者を弱者とみなして、資本主義社会の強者は資本家（経営者）であり、弱者は労働者ととらえ、この強者対弱者の関係を問題視する社会主義は、格差社会を考察するうえで有益な思想となるのである。社会主義がどのように登場したか、概観してみよう。

アダム・スミスにはじまって、D・リカード（1772～1823年）、T・R・マルサス（1766～1834年）、J・S・ミル（1806～1873年）などは古典派経済学の代表とみなせるが、古典派経済学の底流にある経済思想は「労働価値説」にあると判断できる。もとよりこの四者による労働価値説は微妙に異なるが、誤解を恐れずに労働価値説を一言で述べれば次のようになる。

「財の価値はその生産に際して投入された労働量に比例する」

格差問題と関係する二つの労働価値説を述べておこう。一つはD・リカードによる「限界生産力説」である。賃金や利子は、労働や資本が生産に貢献する度合に応じて決まるというものである。有能で貢献度の高い労働者ほど高い賃金を得るという命題につながるので、賃金格差を説明する有力な根拠の一つになる。

もう一つは「労働全収権」と呼ばれるもので、イギリスのW・トムソン（1775〜1833年、社会運動家）が1820〜1830年代に主張したものである。生産物はすべてが労働者によって生み出されるものであるから、生産物の全部を労働者が受け取る権利があるとした。これは成果を労働者が全部占めよ、というやや過激な思想であるが、次の労働分配率の課題に一つの考え方を提供した。

労働分配率とは生産物の（付加価値の）成果を得るのに要した投入、すなわち労働と資本（時には利潤も含む）に対する報酬（賃金と利子）をどの割合で配分するかの比率である。労働分配率が高ければ（低ければ）労働側への配分が高く（低く）なされたことになる。やや極端に言えば、労働分配率がかなり低ければ労働者は資本家に搾取されている、とマルクス経済学は主張した。参考までに日本の労働分配率は、会社の資本金によって異なるが、60

〜80％の範囲にある。

イギリスの社会思想家T・ホジスキン（1787〜1869年）は労働分配率を上げる政策は労働側にとって重要な政策目標になりうると主張した。現代の労働組合はこの労働分配率を巡って要求を経営側に突きつけ、交渉の重要なテーマになっている。

トムソン、ホジスキンなどの思想は、後に述べるロバート・オーエンを含めて、リカード派社会主義と呼ばれることがあり、社会主義の萌芽あるいは一派として理解されていることを記しておこう。

協同組合運動の指導者――オーエン

イギリスのロバート・オーエン、フランスのサン＝シモン、フーリエ、プルードンといった思想家、改革者は空想的社会主義者と称されている。彼らの思想がなぜ「空想的」社会主義と称されるようになったかを、一言述べておこう。それはマルクス、エンゲルスで知られる社会主義者が、彼らの思想は学問的・科学的・哲学的な根拠が薄弱であるとし、理論的に証明された学説ではない、と揶揄《やゆ》を込めて批判したことに起因している。

ロバート・オーエン（1771〜1858年）は、もともとは紡績工場の経営者であったが、子どもが過酷な労働に従事していることを嘆き、子どもの労働を排除すべきとし、かつ労働時間の短縮に努力した。オーエンは資本家と労働者の対立に陥ってしまう企業組織ではなく、出資者が平等に経営にあたる協同組合によって生産や流通を行うのが労働者にとって利益になると考えて、後になって協同組合運動の指導者になった人である。彼自身の企業や協同組合での経験に基づいて導き出された考えということができるだろう。

サン＝シモンとトリクルダウン

サン＝シモン（1760〜1825年）についても取り上げてみよう。サン＝シモンはじつにユニークな人で、もともとは貴族出身でありながら、キリスト教の思想に影響を受けて、貧者や弱者を助けることに興味があった。詳しいことは拙著『フランス経済学史教養講義』（2021年）を参照されたい。特に自由主義経済ないし資本主義が深化すると、富者と貧者の格差が増大するので、これは避けねばならないと考えた。

ここが空想的社会主義の思想における、富者と貧者の間の格差の是正を目標とする政策論の萌芽とみなせる。

ところがサン＝シモンは、貧困者や弱者を直接支援する策を優先するよりも、経済を一層強くすることによって社会に余裕を生ませ、その余裕分を貧者や弱者にまわす方法が望ましいと考えた。そのために彼は企業家、労働者、農民・商人が一体となって産業と経済を強くするためにどうしたらよいかを考えた。これはサン＝シモン型の産業主義と呼ばれ、金融、運輸、エネルギーなどの産業を発展させる策を実践しようとした。この思想は、サン＝シモン主義と称されるようになるまで支持者を集め、彼はこの一派の教祖的な人にまでなったのである。

このサン＝シモン主義を現代の視点で評価すると、トリクルダウン理論の19世紀版とも考えてよい。経済が豊かになって一部の人が裕福になると、いずれその果実が下層階級に雨だれのようにしずくとして落ちるので、貧者も報われて、格差社会は消滅するという発想である。現代の格差問題の解決策として、このトリクルダウン理論が主張されたが、これへの専門家の支持は高くない。

トリクルダウン理論の失敗例の代表として、社会主義国の中国がある。中国の指導者・鄧小平（１９０４〜１９９７年）は「先富論」を唱えた。先に豊かになる人びとを豊かにさせると、それらの人びとが貧困者を支援すれば、皆が豊かになれるという思想であった。ところが中国ではそれが成功せず、格差社会の国になってしまった。

社会主義国で成功しないのなら、資本主義国でも成功しないのは自然である。豊かになった者は貧者の救済などには関心がなく、自分たちはもっと豊かになろうとするのが資本主義の特色である。

第3章　資本主義の矛盾に向き合う経済学

1　新古典派経済学

ワルラスとパレート――ミクロ経済学の完成型

資本主義が発展すると、労働者や弱者が失業者になったり、生活困窮者になったりするケースが増えた。それに対し、国家を社会主義で運営する制度にする動きと、現体制を維持しながらも福祉国家への道を歩む方策、それとも何もしないで現体制を続けるのか、いろいろな対策が開かれるようになった。本章はそれらの選択肢を議論するものであるが、そこで経済学がどういう役割を演じたかを考察する。

私有財産制の前提の下で、企業の自由な経済活動を基本にする資本主義は、スミスをはじめケネー、リカードなどに代表される古典派経済学によってその存在意義が証明された。しかし同時に、空想的社会主義に象徴されるように、資本主義の矛盾も認識されるようになった。

一方の古典派経済学は、資本主義の持つ特徴、特にその存在価値を明らかにする分析を提出するようになった。新古典派経済学につながる動きである。その動向をここで述べておこう。

それはケネーに続いたフランスの動きである。経済は生産物市場（企業が資本と労働を調達して生産に励み、その産品を市場を通じて消費者に販売する）と消費者市場（労働者は企業に労働を提供して賃金を得、それを所得として消費活動を行う）から成立する。なお、企業が資本と労働を調達する場を生産要素市場と称する。

これら三つの市場、すなわち生産物市場、生産要素市場、消費者市場から成る経済市場全体を鳥瞰する組織を一般均衡市場と称する。この一般均衡のメカニズムを解明したのが、フランスのワルラス（1834〜1910年）である。なお経済体系全体を語るなら、これに政府が加わる。

それぞれの市場に均衡（需要と供給が一致する）をもたらすのは、価格（それぞれの生産物価格、賃金、利子率）の自然な動きに任せることになる無数の市場参加者の存在で、それが完全競争市場の条件である。この完全競争市場は現実の経済ではなかなか成立しないので、後の経済学は独占や寡占の市場分析を試みることとなる。

ワルラスの一般均衡分析（主著は『純粋経済学要論』1874〜1877年）はミクロ経済学の完成型とみなしてよい。その経済学的意義はワルラスのスイス・ローザンヌ大学における後継者、イタリアの社会・経済学者であるパレート（1848〜1923年）によって完結した。

パレートの貢献は、「パレート最適」という言葉で代表されるように、一般均衡論がもたらす経済成果は、資源配分が最適になるのを保証すると証明したことにある。換言すれば、経済は理想型の姿にいることとなり、企業と国民がともに満足の状態になることを一般均衡論は保証するのである。

ただし、一般均衡論は確かに美しい理想型を証明する模型であるが、唯一の欠点は所得分配や人びとの享受する厚生に関して確定的に語られない点にある。そこで登場したのが次の厚生経済学である。

ピグーの厚生経済学

人びとの経済行動、特に消費行動によって得る厚生（welfare、効用とも称される）を分析した経済学者としてイギリス人のピグー（1877〜1959年）がいる。人びとが財の消費によって感じた満足の程度を示す厚生を最大化することが経済学、あるいは経済政策の目標になりうると考えて、社会的厚生関数（社会を構成する人びと、一人ひとりの効用、ないし厚生を合計したもの）を最大化するための経済政策を考えた。

この社会的厚生関数にも二つの考え方がある。一つはイギリス人のベンサムにちなむベンサム型と呼ばれるもので、すべての国民の効用ないし厚生を同等にウエイト付けして考える。これは高所得者の厚生も、低所得者の厚生も同等のウエイトで評価する。一方、20世紀最大の哲学者といわれるアメリカ人のロールズは、極貧者に高いウエイトをおいて評価する考え方を主張して、格差社会の解釈に新しい見方を提案したのである。

ベンサム型を好むか、ロールズ型を好むかは個人の価値判断に依存する。所得分配、あるいは格差社会の分析において、どのような政策（例えば租税政策や社会保障政策など）が社会的に望ましいかを決定するに際して、必要な基準をベンサム型ないしはロールズ型は提供することになる。

やや象徴的に述べれば、人びとの所得格差の小さいことを好む福祉国家である北欧諸国の人にはロールズ型を好む人が多く、格差社会を気にしない人の多いアメリカでは、ベンサム型を好んでいると述べることができる。

ところでピグーは厚生経済学をスタートさせたが、人びとの間での厚生（あるいは効用）の差をどう調整すればよいか、という点に関してまで分析を行わなかった。イギリス人のヒックス（1904〜1989年）やアメリカ人のサミュエルソン（1915〜2009年）はこの点を補うために、補償原理を提案して、厚生の再分配政策の意義を明らかにした。すなわち所得の再分配政策（租税や社会保障を用いて）を実行して、厚生の高い人からそれの低い人への補償を考えるべき、との思想を提供したことで知られる。

厚生経済学とは無関係であるが、最後にピグーは後に述べるケインズ経済学からの批判対象となったことを述べておこう。ピグーは価格メカニズムへの信頼度が高く、賃金が労働需給を一致させる役割を演じるように、その伸縮性が高いとみなして、市場がうまく機能する限り失業者は存在しないと考えた。この考え方に対してケインズは反旗を翻して、新しいマクロ経済学を提唱することになる。詳しくは拙著『課題解明の経済学史』（2012年）を参照されたい。ケインズに関してはこの章の後半で詳しく検討する。

貧困の経済学――ブースとラウントリー

伝統的な経済学からは離れるが、ここで貧困者の分析がどのようになされていたかを述べておこう。

経済学がもっとも進んだ国であるイギリスにおいて、社会調査に基づいて貧困者がどのような現状にあるかを明らかにしたのが、チャールス・ブース（1840～1916年）とシーボーム・ラウントリー（1871～1954年）である。

ブースは実業家でもあったが貧困者の実態の調査にも乗り出して、『ロンドンの民衆の生活と労働』を出版して、ロンドンに住む人の30％前後が貧困に苦しんでいると明らかにした。ラウントリーもブースと同じく実業家であったが、ヨーク市で大々的な人口の生活実態の調査を行った。調査対象の人びとの数は1万世帯を超え、個人としても4万人を超えるほどの調査であった。収入のみならず、食料、衣料、光熱費、家賃などの支出額を調査して、貧困の状態にいる人の数を明らかにした。その成果は、*Poverty, A Study of Town Life* として出版された。彼の貧困の定義は、すでに述べた「絶対的貧困」の先駆けとなったほどの価値があった。結論はブースと似ており、貧困で苦しんでいる人の比率は30％弱というものであった。

これらブースとラウントリーの社会調査による貧困研究は19世紀末から20世紀初頭までの成果であり、絶対的貧困率が30％前後と計測された事実は、現今の先進国における貧困率が10～15％と計測されている数字よりも2倍ほど高かった。時代の変遷とともに、貧困対策が進んで世の中に貧困者の数が減少したことを認識しておこう。

イギリスの貧困研究に刺激されて、日本でも貧困研究で有名になったのが、京都大学の河上肇《かわかみはじめ》（1879～1946年）である。彼の著作『貧乏物語』（1917年）は非常に有名なので、彼のことと著作について言及しておこう。

もともとは新聞記者であったが、彼の記事が学問的に未熟との批判を受け、学者生活に入って経済学の研究を始めた。ヨーロッパ留学中にイギリスのラウントリーの貧困研究に接し、その内容を大阪朝日新聞に連載した。それをまとめたのが『貧乏物語』であり、べストセラーになるほどの注目を浴びた。

『貧乏物語』はイギリスの実態を紹介したものであり、日本の貧困を解明したものではないし、河上の貧困対策の議論が幼稚なものだったので、ベストセラーにもかかわらず専門家から批判を受けた。貧困者が生まれるのは富裕者が贅沢な生活をしているからであり、富裕者が贅沢な消費をやめれば、貧困者は少なくなる、という河上のナイーブな議論に批判は寄せられた。

河上はこの批判を気にしたのであろうか、マルクス経済学を本格的に勉強して、マルクス経済学に立脚して社会において貧困者を減らすための政策を主張することになる。京大での河上の経済学講義は人気を博したとして有名である。

2 マルクス経済学

経営者と労働者の対立

資本主義が高度に発展すると経済は強くなるが、別の問題が顕在化する。それは資本家（資本保有者と経営者）と労働者の対立が深刻となることで示される。資本側は企業間の競争が激しいだけに、利潤を上げようとして、賃金の増額に消極的になりがちだし、費用の節約のため職場の労働環境を良くするのをためらうようになる。

労働側は経営側との対立感を高めて、労働組合をつくって時にはストライキなどで抵抗するようになる。なかには、物わかりのいい資本家もいて良好な労働条件を提供する場合もある。例えば、すでに述べたイギリスのロバート・オーエンは児童が働いていることを好ましくないとして、児童を労働から除くことに注目するし、労働時間の削減に努力した。とはいえ、基本的には労働者と資本家は深刻な対立のなかにいるようになった。

この現状を深刻にとらえて、すでに述べたようにリカードを筆頭にトムソン、ホジスキンなどのリカード派社会主義が登場した。対立が深刻になるとともに、一部の経済学者や思想家は過激な思想を持つようになるが、その代表がマルクス経済学である。必ずしも労働者だけではなく、世の中には貧困者や弱者も多く存在するが、こういう格差社会で下位にいる人をどう処遇するべきかという課題に取り組んだのもマルクス主義であった。

J・S・ミル――「定常状態」

マルクスへの橋渡し役を演じた哲学者・経済学者としてJ・S・ミル（1806〜1873年）がいる。ミルは基本的に私有財産制の下での自由主義経済論の支持者であったが、労働者や弱者の恵まれない経済状態に配慮する必要性を説いた。

そのための対策として、土地や資本を完全な私的保有制にせず、一部は国有化してもよいと考えた。さらに高所得者から低所得者への所得再分配策や福祉制度の整備についても言及している。

これらの思想・政策は穏健な社会主義とみなせるので、ミルは過激な国有化政策や政治革命を説くマルクス主義への橋渡し的な存在となっている。なおイギリスでは1884年にフェビアン協会（後の労働党の前身）という社会主義の団体が設立されたが、これはミルの思想の流れにいると理解してよい。

J・S・ミルはユニークな人であったし、後の社会に多大な影響力を与えたので、ここで彼を紹介しておこう。

第一は、J・S・ミルの天才ぶりである。思想家であった父親のJ・ミルに幼少期から私的な教育を受け、フォーマルな学校教育を受けることはなかった。その経緯は『ミル自伝』に詳しく記されており、3歳のときに古典ギリシャ語を学んだとか、幼少の頃から哲学、歴史などに親しんでいたという。しかも職業生活も大学での研究・教育に従事せず、東インド会社の社員を務めたのである。

ミルの業績のなかで現在でも価値を有するのは、初期マルクス主義の功績に加えて、経済学上における「定常状態」の主張である。それは『経済学原理』（1848年）にも記されていることで、経済が一定の状態で静止していることを意味している。もう少し意訳すれば、経済が成長はせず、一方で衰退もしない状態（ゼロ成長と言ってもよい）が望ましいと考えた。

成長すれば環境問題、天然資源枯渇、働き過ぎのストレスなど種々の問題を発生させるし、衰退すれば人びとの生活水準が低下するという問題を発生させるので好ましくなく、ゼロ成長が世界の経済には望ましいとする思想が「定常状態」の思想である。世の中では成長論者が支配的であるが、定常状態思想にも一定の支持があるので、J・S・ミルの経済思想には存在価値がある。

マルクスの登場

カール・マルクス（1818～1883年）はマルクス経済学の創始者として有名である。いわゆる古典派、新古典派、ケインズ派などのいわゆる近代経済学に対立する経済学として、一世を風靡したことはよく知られている。マルクスの思想を政治革命の実践として成功させたレーニン（1870～1924年）のロシアでは、社会主義国が革命によって誕生したほどである。その後、中国、ベトナム、キューバ、東欧諸国などにおいて社会主義国が波及したので、マルクス思想は重要である。

マルクスはドイツの大学で歴史学、哲学、法学などを学んだ。卒業後は大学に残って研究者になりたいと希望したが、それを果たせなかった。ジャーナリストとして新聞記事、そして告発文などを発表していたし、労働者が劣悪な労働条件で働いている実態などの調査にも従事した。

１８４５〜１８４６年には盟友エンゲルス（１８２０〜１８９５年）と『ドイツ・イデオロギー』、１８４８年には『共産党宣言』を出版して、プロレタリアートの団結と階級闘争の実行を鼓舞した。この言動が当時いたパリで為政者に嫌われたし、本国ドイツでも批判にさらされて、イギリスに亡命を余儀なくされた。

イギリスでは貧乏生活にいたが、ロンドンの大英博物館で、有名な『資本論』の執筆に没頭し、１８６７年に第１巻を出版した。たいへん分厚い経済専門書であり、専門家の経済学者にとっても難解な書物である。マルクス経済学者にとっては聖書なみの地位を占めている。

土地・工場・資本の共有——マルクス経済学

マルクスはリカードなどの労働価値説を踏襲して、労働がすべての価値の源泉であるとみなして、生産による成果の大半を労働者が得るべきと考えた。しかし現実の経済では必ずしもそうではなく、労働者は生産すればするほど貧困になると考えた。私有財産制の下では、労働による成果の大半は労働者ではなく、土地や工場を持ち生産を企画・実行する資本家に属することになってしまう、とマルクスは主張した。これをマルクスは資本家による労働者の搾取であるとみなした。

この搾取を打破するには、私有財産制を廃して、土地・工場・資本を社会ないし国家が共有する制度にすべき、と考えた。ここでJ・S・ミルの影響のあることに気づいてほしい。そうすると労働者の受け取り分が大きく増加して、労働者は救われると考えた。世界で最初に社会主義革命を成功させたロシアでは、政府は社会主義を信奉する政治家によって統治されたし、現に農場や工場の国有化はかなりの程度進行したのである。

これらのことを成就するためには、労働者・農民による暴力革命によって強制的に政権を奪わねばならないとしたのがレーニンである。これから後はこの革命による社会主義をマルクス・レーニン主義と呼ぶようになった。

マルクス経済学に関する話題をいくつか提供しておこう。

第一は、長期利潤率低下の法則である。資本主義経済は企業間の競争がますます激しくなる傾向があり、企業の利潤率は長期的に低下の傾向を示す、とマルクス経済学は考えた。

利潤率の低下は企業の存立価値が低くなることを意味し、最後は企業が倒産して資本主義は崩壊すると予想した。しかしこの予想は現代では実現していない。なぜなら資本主義国も崩壊を防ぐため、たとえ倒産しても経済が立ち直るために、後に述べるように種々の対策を講じたのである。

第二は、金融資本の台頭である。

資本主義の深化は、少数の独占企業を生んで独占資本主義の時代となる。独占資本主義は多量の金融資本を必要とするので、銀行、保険会社、証券会社などの金融機関が繁栄することとなり、金融資本と産業資本が結託する時代となる。日本の財閥を想起すれば理解できるであろう。

第三に、格差社会との関係に言及しておこう。資本家と労働者の間で所得・資産格差が拡大し、搾取する者と搾取される者の間に大きな格差の発生することは宿命と考えられる。マルクス経済学はこの搾取を否定する行動を奨励するし、労働者間の平等や弱者の救済を標榜《ひょうぼう》する主義なので、格差社会を否定する強力な思想と理解してよい。現にこの目的の達成のために種々の行動を実行する一派となった。

3　ケインズ経済学

ケインズの多才

マルクスらの社会主義は資本主義の弊害を排除するために、暴力革命などの過激な思想に頼ったが、資本主義の体制を保持しながらも、漸進的な政策によって弊害を最小限に抑制しようとする経済学が出現した。

J・M・ケインズ（1883〜1946年）はじつに多才な人であった。経済学者として優れた業績を挙げたのみならず、現実の経済政策の運営（例えば国際金融問題など）においてもイギリス代表として活躍した。さらに、国民相互生命保険協会の会長を務めたり、新聞・雑誌という言論界での活躍、さらにロシアのバレリーナと結婚するなど、華のある存在であった。

名門ケンブリッジ大学で数学を学んだ後は、公務員になる道を選ぶ。インド省に2年間いてから、大学に戻り、研究生活に入るが、しばらくして大蔵省に移る。大蔵省では国際金融の仕事に従事するが、やがてケンブリッジ大学に戻り、研究生活を再開する。

増加する失業者

ここで1920年代のイギリスの失業問題をレビューしておこう。これまでのイギリス経済は産業革命を世界で最初に成功させ、大英帝国の名前が示すように、資本主義経済は好調であった。したがって失業率もそれほど高くなかった。しかしドイツ、フランスなどの追随を受けて経済は弱くなり、不況の様相を示しはじめたのが1910年代の末であった。

1920年になる前では失業率は8・0%前後であったが、1921年に入ると20%を超える高さに達して、失業保険制度の活用によって、これまでの失業者にはなんとか生活保障ができたが、失業者が増加しすぎると失業保険だけでは不十分で、経済そのもので不況を退治せねばならない、という雰囲気がイギリスで強くなった。まとめれば、失業率を低くするための経済政策への期待が高まったのである。

非自発的失業者の発生を明らかに

そこで登場したのがケインズである。彼には数多くの影響力のある著作があるが、もっとも有名なのは『雇用・利子および貨幣の一般理論』（1936年）であろう。これまでの新古典派経済学の原理では、たとえ失業率が高くなっても、市場原理に依存する賃金の伸縮性（さらに物価の伸縮性をも含めて）があれば、自然と労働需給は均衡して、失業者は消滅する。言わば、まわり（特に政府）は何もしなくてもよい、と信じられてきた。

これに対してケインズは、労働組合の存在や独占・寡占企業の存在によって、賃金や物価は市場が期待するほど下降しないことに注目した。賃金に下方硬直性があると、企業の労働需要は増加せず、ここに失業者の発生する余地がある、と考えた。

もう一つ重要な理論をケインズは主張した。それは有効需要の理論と呼ばれるものである。マクロ経済学の概念として、家計消費、企業の設備投資、政府支出、輸出入差の合計を有効需要とみなし、経済の総供給量と比較する。もし有効需要が総供給量より少なければ、総供給量に合致するように、有効需要を増加させればよい。労働供給を満たす労働需要が不足して、その差が失業者として発生しているのであり、それを解消するのが有効需要の増加策なのである。

ケインズ経済学の根幹は、この有効需要不足による非自発的失業者の発生を明らかにした点に革命性がある。このマクロ経済学による非自発的失業の発生を防ぐために、政府による経済政策によって有効需要を増加する案を提案した。

具体的には、家計消費を増加させるには、例えば政府による所得税の減税政策の採用によって、家計の可処分所得を増やして家計消費を増大させる策がある。あるいは、政府支出の増加（例えば橋や道路、住宅や交通の公共事業）によって、有効需要を増加する案もありうる。金融政策としては金利の低下策によって、企業の設備投資意欲を増加させる案もありうる。

じつはケインズ経済学は「不況の経済学」と呼ばれることがある。戦前のイギリス経済は失業率が高かったが、これの削減に成功したのがケインズ経済学の応用であった。さらに第二次世界大戦後の欧米経済、あるいは日本経済が繁栄した理由の一つとして、ケインズ経済学の応用があり、ケインズ経済学はきわめて有用な理論として認知された。

ところが１９７０年代に始まったオイル危機により、先進国経済はスタグフレーション（不況とインフレーションの併存）の時代に入り、ケインズ経済学が解決策として成功せず、ケインズ経済学は失速の憂き目を見た。

ケインズの流動性選好理論についても一言述べておこう。ケインズは古典派経済学に特有の貨幣数量説を否定して、貨幣の保有動機を次の三つ、すなわち取引、予備的、投機的に分けて分析した。さらに、流動性の罠《わな》がありうる可能性に言及して、たとえ大幅な金融緩和策をとっても金利は下降しないことがあり、従来の金利低下策による設備投資刺激策が機能しないこともあるとした。

政府の役割――ケインズ経済学の貢献

ケインズ経済が具体的な経済学の分野でいかなる貢献をしたかをこれまで述べてきたが、ここでは別の視点からケインズを評価してみたい。それは特に本書の主題である格差ないし貧困との関係において、どう評価したらよいかに関係する。

それは、政府の役割を政策遂行の際に重要と強調した点にある。ケインズ型経済、あるいは現在は「混合経済」にあると言われるが、社会経済の運営には政府（あるいは地方政府を含めた公共部門）が特に重要な役割を演じている現状に注目する。政府が関与することによって、経済の運営、社会の進行がうまくいくと信じるようにさせたのにケインズの貢献があったと解する。

もう少し具体的に言うと、国民の所得を再分配する手段として租税政策は重要であり、税金は政府が１００％関与する手段なので、格差の拡大や是正に際して政府が直接関係していることを認識できるのである。さらに公共支出政策の重要性を指摘した点も大事なケインズの貢献である。

次に述べる社会保障政策、あるいは福祉政策は、より直接に政府が取り組む分野である。例えば、年金制度、医療保険制度、介護保険制度、失業保険制度、生活保護制度などは、中央と地方政府が直接運営するものであり、これらにおいては政府の役割がいかに大切であるかがわかる。ケインズ自身が社会保障政策を主張したことはさほどなかったが、ポスト・ケインジアンの人びと、例えば「ベヴァリッジ報告」などによって主張された。

ケインズ経済学は経済政策の運営に際して、政府の役割に期待するところが大であったが、公共精神重視の方針があったからこそ、国民は福祉の重視という思想に違和感を持たなかったということになる。

第４章　福祉国家と格差社会

1 ドイツ——福祉国家の萌芽

安心を与える社会保険制度

失業率が高くなるという不況経済を迎えて、ケインズ経済学は政府の登場を促して、減税政策や公共支出政策を提唱するようになったことを前章で述べた。政府への期待度が高まったのとほぼ同じ時期に、もう一つの政策目標が掲げられることとなった。それが福祉政策である。

失業を例にして述べてみよう。失業者になると所得がなくなるので、人びとはたちまち生活に困窮することとなる。政府が失業保険を用意しておくと、失業したとき失業給付を受けられるので、生活に困らなくてすむ。それが20世紀初頭頃に創設されることとなった失業保険制度である。他にも病気になったときの医療給付、労働中に傷害を負ったときの労働災害給付がある。また、引退し、所得がなくなっても年金給付があれば生活に苦しまない。これら失業、労災、医療、年金などで国民に安心を与える社会保険制度をまとめて公共福祉制度として本章で考察する。

まずは福祉とは何か、を明確にしておく必要がある。福祉とは、「人間社会において弱い立場にいる人、生活に困っている人を助ける」という意味がある。忘れてならないことは、「今はそういう弱い立場にいなくとも、将来にそれが発生する可能性がある」ことに対して、準備策を用意するのも福祉なのである。

福祉の提供方法には大別して二つの方法がある。一つは、金銭の授受を伴わない物理的な救済（病気の看護や介護を考えればわかりやすい）と、もう一つは、金銭の授受を伴う救済（年金制度、医療保険制度、失業保険制度、生活保護制度を考えればわかりやすい）である。もとよりこれら二つを同時に実行するのもある。

福祉の担い手

まず福祉の提供者、担い手として誰がいるか、を簡単に述べておこう。

①本人：自分が自分を助ける。

②家族：本人以外の家族、親族が支援する場合である。配偶者、父母、子ども、兄弟姉妹、祖父母、孫などが該当するが、どこまでを家族、親族とみなすかは、じつは微妙で複雑な問題を抱えている。

③企業：社宅や病院などで直接福祉を提供することがあるし、社会保険料の事業主負担分としての貢献がある。
④非営利団体：高齢者、障害者、場合によっては子どもを支援する種々の施設がある。
⑤社会（国家）：中央と地方の政府が直接に弱者支援を行うことがあるし、種々の社会保険制度（年金、医療、介護、失業など）の企画・運営にあたることによって福祉の担い手となる。

福祉国家とは、これら五つの担い手のうち、社会が主として福祉の提供者になっているケースを指す。もとよりどの国においてもある特定の担い手に特化することはないし、すべての国で五つの担い手が貢献していると考えてよい。でも、それぞれの担い手の相対的貢献度は国によってかなり異なり、社会（国家）の役割が大きい国を福祉国家と認識する。

先進国を大胆に区分すれば、ヨーロッパが福祉国家（北欧が高福祉国家、中欧が中福祉国家、南欧が低福祉国家、ただしフランスは中福祉国家）であり、日本とアメリカが非福祉国家の典型である。それぞれの国がいかにしてこういう特色を持つに至ったかは、その国民の選好や文化に依存するところが大であるが、その国の政治家や思想家の影響力も無視できない。

政府がさまざまな福祉を国民に提供し、国民全員がある一定程度の福祉を享受できるという福祉国家は、平等主義が根幹にあるとみなせて、格差社会の是正に貢献していると解釈できる。具体的には次に詳しく述べる。

ビスマルクのアメとムチ――社会保険制度の成立

世界で最初に救貧法を制定したのはイギリスであるし、「ゆりかごから墓場まで」で有名なイギリスが福祉国家の先駆けの国と思われがちであるが、実質的にはプロシャ（後にドイツ帝国となる）がそれに該当するとみなすのが賢明である。

ビスマルク（1815～1898年）はプロシャ（後のドイツ帝国でも）の鉄血宰相としてドイツの産業を強くしたし、軍事大国になることにも寄与した。特に強調したいのは、ドイツの産業革命がイギリスより遅れているのを嘆き、イギリス経済に追いつけ、追い越せの目標を立てて、強力な産業政策を実行した点にある。

そのためには、労働者に一生懸命に働いてもらわなければならず、その手段として労働者の福祉の充実を考えたのである。具体的には、労働者が安心して働けるように、いくつかの社会保険制度の設立を企画した。1883年の健康保険、1884年の労働者災害保険、1889年の老齢年金の「三部作」がよく知られる。

ビスマルクの狙いは、これら福祉制度、社会保険制度の存在によって労働者が安心感を得て、その見返りとして一生懸命働いてくれることに期待した。この考え方は「アメとムチによる社会政策の一手段」の「アメ」として認識されており、その後の各国の福祉のあり方に影響を与えた。

この思想はドイツにおいて社会政策学派の誕生をもたらした。労働政策、あるいは労働管理上の一つの手法として、社会保険制度の創設と運営を提言したのがドイツ社会政策学派であった。ビスマルクのような政治家と、学者・思想家がうまく結びついた例である。

ドイツ資本主義の発展においては、この社会政策学派のみならず、もっと広い分野ではドイツ歴史学派という哲学、歴史学、経済学などを網羅した学派のあったことを記しておこう。それはA・H・ミュラー、F・リスト、A・ワグナー、G・シュモラーなどによって構成されたが、ドイツを国民国家として発展させて強い国を形成するには、国家の役割を重要視したし、「アメとムチ」のような社会政策にも理解を示した。

ビスマルクの「三部作」

一つ重要な点を指摘しておこう。それはビスマルクなどの社会政策学派、あるいは歴史学派を含めて、ドイツの社会福祉政策は当時社会で過激な思想を提供していたマルクス主義に対して危険を感じていたのと関係がある。穏健で柔和な思想を提供し、かつそれに沿

表4-1 福祉国家の先駆者——主要な福祉国家プログラムの最初の導入（年次）

	第1	第2	第3
労働者災害保険	ドイツ（1884年）	オーストリア（1887年）	フィンランド（1895年）
健康保険	ドイツ（1883年）	イタリア（1886年）	オーストリア（1888年）
老齢年金	ドイツ（1889年）	デンマーク（1891年）	フランス（1895年）
失業保険	フランス（1905年）	ノルウェー（1906年）	デンマーク（1907年）
家族手当	オーストリア（1921年）	ニュージーランド（1926年）	ベルギー（1930年）
男子普通選挙権	フランス（1848年）	スイス（1848年）	デンマーク（1849年）
男女普通選挙権	ニュージーランド（1893年）	オーストラリア（1902年）	フィンランド（1907年）

出所：橘木（2018）『福祉と格差の思想史』ミネルヴァ書房、107頁
Flora, P. et al. (1983) *State, Economy, and Society in Western Europe 1815–1975*, Flora, P. and Heidenheimer, A. J. eds. (1981) *The Development of Welfare States in Europe and America*, Dixon, J. and Scheurell, R. P. eds. (1989) *Social Welfare in Developed Market Countries*.

う制度を構築して、マルクス主義の浸透を防ごうとした目的があった。やや誇張すれば、修正資本主義という特色もあった。特にドイツはマルクスとエンゲルスの母国でもあり、一部の支持者による強硬な社会主義の進行を阻止する目的があった。

ドイツが各種の福祉制度、あるいは社会保険制度の最初の創始国である証拠を表によって示しておこう。表4－1に普通選挙の開始までを含めて、各種福祉制度の導入国と導入年を掲げた。

労災保険、健康保険、老齢年金の三種がドイツで最初に導入されている。これはビスマルクの「三部作」に相当している。ただし失業保険が最初に導

入されたのはドイツではなくフランスであり、家族手当も最初はオーストリアである。とはいえ、五制度のうち三制度での最初の導入国がドイツなので、福祉制度、社会保険制度の先駆け国はドイツである、の記述はおおよそ正しい。

ついでながらこの表で気づく点は、現代の福祉国家として有名なスウェーデンはこの表に出現しないことである。スウェーデンが福祉国家になったのは、最近になってからの特色である、と記憶しておこう。詳しくは後に述べる。

2　イギリス型福祉国家——ゆりかごから墓場まで

フェビアン協会とウェッブ夫妻

本格的に福祉国家の誕生を見るのは、第二次世界大戦後のイギリスであるが、イギリスがそこに至るまでの歴史を簡単に調べておこう。

産業革命を最初に経験し、資本主義がその後発展したイギリスは世界に冠たる大英帝国となったが、本国においては資本主義の矛盾が露呈するようになっていた。工場では幼い子どもが働いていたし、労働者も劣悪な労働条件を強いられていた。賃金は低く抑制されていたし、労働時間も長かった。職場の労働環境も身体によくないほど悪かった。

これらの現状を憂慮した、リカード派社会主義、J・S・ミルなどの社会主義的な思想の存在をすでに述べたが、ここではイギリスの本格的社会主義であるフェビアン協会に言及する。

それを議論する前に、筆者が好みとする、ロイド・ジョージ（1863〜1945年）という自由党の政治家について述べておこう。彼は1911年、大蔵大臣のときに「国民保険法」を成立させていた。それ以前の1908年、ドイツに自ら調査旅行に出掛けて、ビスマルクの社会保険制度を学んでいた。ロイド・ジョージはイギリスにおいても社会保険制度は必要であると判断して、健康保険に加えて新しく失業保険制度を立案して、イギリス流の社会保険制度を設立した功績は評価されるべきである。

当時のイギリスは、資本主義の景気循環の宿命から逃れることができず、不景気の時期には職を失う人が多く発生し、所得保障のために失業保険制度を用意する必要があった。イギリスの健康保険と失業保険という福祉制度は、福祉の先進国ドイツからロイド・ジョージが学んだという歴史的経緯があったのである。

ここでいよいよフェビアン協会の登場である。フェビアン主義に関しては、例えば拙著『福祉と格差の思想史』（2018年）に詳しい。1884年に労働組合の指導者、思想家、社会運動家を中心にして設立された。中心人物はB・ショウとウェッブ夫妻（特に夫のシドニー）であるが、フェビアン流社会主義として主導し、後のイギリス労働党の基本思想として受け継がれる。

夫シドニー（1859〜1947年）は社会運動家であり、政治家の側面も有していた。単独で著作があるし、後の1895年にロンドン・スクール・オブ・エコノミックスの創設にも尽力した。妻ベアトリス（1858〜1943年）は自身も社会調査の仕事に従事し、貧困者、下層社会の報告を行いつつ、夫の協力者として積極的な役割を果たしたし、夫妻の共著による本が数冊ある。二人の著作で有名なのは、『労働組合の歴史』『産業民主主義』などである。

ウェッブ夫妻の中間主義

ここでウェッブ夫妻の経済思想を概観しておこう。もとよりフェビアン流社会主義の中心思想にウェッブ夫妻の考え方が反映されている。ウェッブ夫妻の基本思想はベンサム流の「最大多数の最大幸福」を好みとするので、社会を構成する人びとの自由な行動を肝心な原理とみなしていた。同時にJ・S・ミルの生産手段の共有と生産物の配分をうまくやれば、人びとの幸福は最大化するとの考え方に共鳴していた。

ところでウェッブ夫妻は、マルクスのいう資本家と労働者の間の階級対立から生じる資本家による労働者の搾取の考え方には賛成せずに、マルクス主義には頑強に反対の立場をとる。しかしミル流の社会主義には賛意を示し、次のような政策を掲げて、フェビアン社会主義の基本思想・経済政策を提唱する。

①鉄道、水道、電信・電話などの公的所有
②私的所有地を容認するが、産業資本の公的所有も容認
③課税による所得分配の平等化
④義務教育の徹底

ウェッブ夫妻の特色はこれらの改革を一気に行うのではなく、時間をかけて漸進的に行うというのがある。戦後になって労働党政権は一部の産業を国有化したが、ここでもウェッブ流のフェビアン協会の精神が生きたのである。さらに政治的なスタンスにおいても議会制民主主義を前提にした社会主義の成立を目標にして、マルクス・レーニン流の過激な政治改革案には賛成しなかった。

ウェッブ夫妻による穏健で漸進的、かつ民主的な社会主義はじつは左右の両派から批判

を受けることになる。例えばウィリアム・モリスはシドニー・ウェッブを「官僚的社会主義者」あるいは「国家社会主義者」と称して、知性尊重のエリート主義にすぎない、と批判した。自由主義・資本主義を容認するフリードリッヒ・ハイエクは、ウェッブ夫妻は資本主義の良い点を否定していると批判した。要するに、ウェッブの思想は左右の双方から生ぬるいとの批判を受けたのである。

じつはウェッブの思想は、資本主義と社会主義の良い点を評価しながらも、それらの悪い点をできるだけなくそうとした中間主義の立場にいたと解釈できる。両極端の思想からは生ぬるい、あるいはどっちつかずの日和見主義との批判を受けたのである。

ナショナル・ミニマム論

ウェッブ夫妻の思想のうち、今でもその価値の輝いているものがあるので、それを述べておこう。それは「ナショナル・ミニマム」論である。国民すべてが最低限の生活水準を維持することが国家の目標となるべき、というのがその思想である。これは生存権という言葉として理解してよく、日本国憲法を引用するまでもなく、すべての国民が健康で文化的な最低限度の生活を送る権利を有していると記されており、ナショナル・ミニマム論は現代でも価値を失っていない。

ウェッブ夫妻はこのナショナル・ミニマムの達成のためには次の五つの具体策があるとした。

①最低賃金：経営側は労働者に法定額以上の賃金を支払う義務があるとする。
②最長労働時間：一日あたり、あるいは一週間あたり何時間以上勤務させてはならないとする規則。
③職場での快適な労働環境：職場での空気の汚染はいけないとか、危険な手作業の排除など。
④義務教育：国民の全員が一定期間以上の学校教育を受けること。
⑤余暇と住居の保障：人生上で安楽の時間のあることと、国民には住居（これは公営と社営の住宅を含む）を確保する権利がある。

どの水準を社会がナショナル・ミニマムとして提供すればよいか、という具体的な政策は人びとによってさまざまな考え方があるので、なかなかコンセンサスは得られない。とはいえ少なくとも概念としてウェッブ夫妻の提唱したナショナル・ミニマム論には貴重なものがある。

ベヴァリッジ報告書

１９４１年、第二次世界大戦中のイギリスにおいて、保守党政権の首相チャーチルは、戦後の福祉制度や社会保障に関してそのあり方を問うための委員会をつくった。その報告書の代表的執筆者がベヴァリッジ（イギリスの官僚）だったので、ベヴァリッジ報告書と呼ばれている。

じつはチャーチルは戦後になって政権を失い、この報告書は次のアトリー首相が引き継ぎ、現実にイギリスの社会保障制度の基本となって生きたのである。保守党政権の報告書でありながら、対立党の労働党政権が報告書をほぼ全面的に受け入れたのであるから、イギリス全国民の賛意と支持の下で効力を発揮した、といっても過言ではない。

この報告書はイギリスの社会保障制度の基礎づくりに貢献したのみならず、他の先進国を含めて、世界各国にもとても大きな影響力を与えた。社会保障制度の聖典とみなせるほどの価値を与えた報告書になった。日本もかなりの程度の影響を受けたが、その精神を１００％受け入れたのではない。ここでベヴァリッジ報告書を検討しておこう。

とはいえ、内容を詳しく紹介するよりも、それが持つ歴史的な経緯や現代の視点に立って解釈できることを中心に論じる。

「ゆりかごから墓場まで」を現実に

第一に、報告書の福祉のあり方に関する基本思想は、ウェッブ夫妻のナショナル・ミニマム論にある。すなわち、国民全員に最低限の生活保障を与える義務がある、という考え方を全面的に踏襲した。これに沿って具体的な社会保障制度の提言を行うと宣言したのである。保守党の報告書でありながら、フェビアン流社会主義の思想を受け入れたのであるから、全党的、あるいは全国民的な支持が得られそうな素地があったことが、この基本思想からも推察できる。

第二に、失業、年金などの社会保険制度の設計に際しては、定額保険料・定額給付、あるいは均一拠出・均一給付を原則とした。この原則はナショナル・ミニマムの思想に忠実に従った、と解釈できる。じつはドイツ・ビスマルクの社会保険制度では、所得比例拠出・所得比例給付制なので、この点において英独間で社会保険制度の運営方式の原則が異なる。この相違は、世界各国における社会保険制度の運営方式の違いとなっている。

ただし、第三に医療に関しては社会保険料の徴収ではなく、税収を財源にして一定額の医療給付を行うとした。これはイギリス方式（国民健康サービス）としてユニークであるし、世界では旧英連邦諸国を中心にしていくつかの国でこの方式を採用している。なお日本は医療に関しては税収は一部投入されているが、原則は保険料方式である。

第四に、15歳ないし16歳以下の児童に対して、児童手当を支払うことを義務とした。子どもの貧困、特に家族の人数が多いとか、シングル・マザーの子どもの貧困が目立つので、児童手当の支給が必要と考えられたのである。日本も2010年に子ども手当（現在では児童手当）が支給されるようになった。

第五に、社会保険料を払えない人、あるいは心身の障害によって働けない人に対して、税金を財源にして扶助を与えることを義務とした。これは日本では生活保護制度として実在するものと同じである。イギリスに関しては、「救貧法」が長い歴史を有していたが、報告書ではその支払い義務は教会ではなく、政府あるいは国家にあるとしたのである。

こうして「ベヴァリッジ報告書」はイギリスの社会保障制度の確立に貢献し、戦後のケインズ政策による経済繁栄も手伝って、国民の生活は安心に満ちた恵まれたものになった。そして「ゆりかごから墓場まで」が現実のものとなり、イギリスの社会保障制度は先進国の一つの理想型となったのである。

大不況とサッチャーの登場

1950〜1960年代になると一つの問題がイギリスに発生した。戦後の経済繁栄が終わると、高齢者の一部に貧困者が目立つようになった。具体的には年金給付額が生活をするのに十分なものにならなくなった。均一拠出・均一給付の方式がその一つの理由となり、この運営方式を改定して、低すぎたナショナル・ミニマム以下の給付額しかない人に対して、税収を財源にして国民扶助額が年金給付額に上乗せされるようになった。これは均一拠出・均一給付制の見直しといってよい。

もっと深刻な問題が1960年代末期から1970年代に発生した。イギリス経済の大不振の発生であった。イギリスはもう経済大国ではない、といわれるほどの大不況の時代に入った。

そこで登場したのが保守党のサッチャー（1925〜2013年）首相であった。彼女はイギリス経済の立て直しのために、新自由主義あるいはリバタリアニズム（自由至上主義）に立脚した大胆な改革を実行した。根幹は、規制緩和と競争促進（経済活動のますますの自由化）、福祉削減といった政策であった。もう少し具体的には、国営企業を民営化する、企業における生産活動や労働政策において規制を緩和して自由化する、最低賃金額の低下策、政府支出を削減して小さな政府をめざす（特に教育と社会保障の分野において）、などであった。この改革はある程度成功して、イギリス経済の復活は見られたが、福祉国家の顔は大幅に後退した。「ゆりかごから墓場まで」はもうイギリスの代名詞ではなくなったし、同時に格差の拡大が見られた。

サッチャー政権後は、サッチャーによる行き過ぎた市場原理主義への反省もあって、メージャー政権をはさんで、労働党のブレアー政権が誕生した。ブレアーは「第三の道」を標榜し、必ずしも伝統的な労働党の政策を採用しなかったので、旧来の福祉国家のイギリスには戻ることはなかった。しかもブレアー後もその傾向は変わらなかったので、イギリスはアメリカ並の非福祉国家に接近する姿となった。アメリカと同様に格差社会への道を歩むのである。

3 北欧型福祉国家――「高福祉・高負担」の誕生

スウェーデン――農業国から生まれた福祉

今でこそスウェーデンは高福祉・高負担の福祉国家として有名であるが、それは第二次世界大戦前後になってからのことであって、19世紀のスウェーデンは農業中心の国で福祉国家ではなかった。しかも貧しい国であった。寒冷地にあるので、大凶作の時期があるし、1867～1868年、1886～1887年の大凶作は特に深刻であった。

食糧危機に遭遇したので、大量の移民がスウェーデンからアメリカ大陸に移住することになった。移民の多くは20代から40代の働き盛りの世代であり、その人びとの親の世代はスウェーデンに残されることとなり、働くことはできないし、親族の経済支援を受けることもできなかったので、たちまち経済生活に困ることとなった。

この問題に直面したスウェーデンは、こういう多くの高齢者を救済するために、生活扶助という福祉制度を開始することとなった。スウェーデンの福祉国家の始まりは、農業国家という特色が生み出したのである。さらに国民の間の連帯感の強さが出発点というユニークな歴史を持つ。イギリスやドイツでは、工業化によって労働者が恵まれない状況に追い込まれているのを救済するというところから福祉が始まったのとは異なる。福祉の起源を探究すると国によって興味深い違いがある。

ところが19世紀から20世紀の初頭にかけてスウェーデンも工業化を経験し、イギリスやドイツのように劣悪な労働条件にいる人を支援できる年金、医療などの社会保険制度の発展が見られるようになった。

スウェーデンの特色の一つはブルーカラー労働者が労働組合（LO）を組織して、福祉制度の充実を要求したことにあった。政治勢力としては共産党や社会党ではなく、穏健な社会民主主義の政党が強い勢力を持っていた。

スウェーデンのもう一つの特色は、福祉の対象が労働者だけに限定されず、農民を筆頭に自営業者も対象にして、全国民を福祉の対象とする制度をめざしたことにある。これはすでに述べたスウェーデン農業の大凶作に起因する移民の大量流出の結果、農民の親を救済せねばならないという意識が、農民を福祉の対象にするという特色を生んだと思われる。

ミュルダールの出生率向上策

ヴィクセル、オリーン、リンダール、そしてミュルダールと聞けば、スウェーデンは小国でありながら経済学史上で燦然《さんぜん》と輝く業績を生んだ国であると気がつく。特にケインズとは独立に、ケインズと似た経済理論を提出したのがスウェーデンなのである。

スウェーデンの経済学者は、経済政策や社会政策の運営に政府の役割を重視した。特にグンナー・ミュルダール（1898〜1987年）は福祉国家の形成のための理論と政策を主張した。年金、医療、失業などの社会保険制度の役割を明らかにしたのであり、これらはドイツやイギリスの流れと同じなので再述を避ける。

ミュルダール夫妻（夫人はアルヴァ）は夫婦でノーベル賞（夫は経済学賞で妻は平和賞）を受賞したが、スウェーデンに特有な業績を述べておこう。それはスウェーデンの人口問題である。1930年代のスウェーデンは少子化に悩んでいた。すなわち出生率がかなり低下していた。人口減少は有効需要の減少を招くので、経済不況につながり、最終的には低い経済成長率を経験することを危惧した。

ミュルダール夫妻は1934年に共著で『人口問題の危機』を出版して、出生率向上のための政策を提言した。当時のヨーロッパでは、新マルサス主義が優勢で、人口は幾何級数的に増加するが、食糧は算術級数的にしか増加しないため、食糧不足が深刻となるので、出生率を抑制することが、むしろ奨励されていたことを想起いただきたい。

夫妻は出生率の低い家庭は貧困に苦しんでいることを発見し、貧困撲滅策と出産手当・児童手当を充実する案を主張した。さらに他の具体策としては、公営住宅の供給や家賃補助制度、貧困家庭の母親への手当、貧困家庭の子どもへの奨学金、学校給食の無償化、保育施設の充実、など多岐にわたった。

これらの政策は子ども支援策の先駆けとなった。21世紀の日本は低出生率に悩むが、スウェーデンの政策には参考にすべき案が満載である。

ただ、スウェーデンのこれらの政策に関しては、もう一つの話題が無視できない。それは優生保護の思想である。出生率の向上をめざしたが、肉体的・精神的な障害者の出生を抑制する政策の導入であった。優生思想は人権とからむので、単純な問題ではない。

デンマーク――農業協同組合

同じ高福祉・高負担の北欧型福祉国家でありながら、デンマークはスウェーデンとは福祉国家への道程や運営の方法に関してかなり異なる特質を有するので、ここで別個に論じておこう。

デンマークは豊かな農業国である。伝統的な小麦・野菜などの産品に加えて、肉類や乳製品の酪農がとても重要な産業であった。さらに特筆すべきことは、農業における農業協同組合の存在であった。多くの酪農家が組合に加入して、飼料の仕入れや乳製品の販売を共同で行うのであり、まずは経費の節約が可能であった。さらに事業がうまく進まないときには、組合が酪農家を支援する体制にあった。

この農業協同組合の存在は、デンマークが福祉国家へと進むうえで、とても重要であった。国民の間でいかに相互扶助が大切であるかの精神を向上させるのに役立った。やや誇張すれば、国民の間で連帯感を持つことの大切さを認識させるのに貢献したし、これが福祉を重視する福祉国家への道につながるのは自然であった。

農業協同組合の指導者は政治の世界に進出して、国家の進むべき道をつくる役割を果たした。農民出身ということが影響したのか、革新的な政治スタンスをとることはなく、穏健な政治活動を行って、国民の幸福度を高める政治、経済政策を行うことを旨とした。

経済学に関しては、スウェーデンのように優秀な経済学者を多く輩出して、国民に知的な面から国のあり方を啓蒙するといったことはなかった。しかし一人だけ作家・詩人として、国民に平等な社会の尊さを説き、平凡ながらも質素な生活を送ることの意義を説いたニコライ・グルントヴィ（1783〜1872年）を記しておこう。国民的詩人となったグルントヴィの作品は、デンマーク人の平等意識と福祉意識の高揚に貢献したことを記憶しておきたい。

牧師の子どもとして育った彼自身、牧師でもあった。小さい頃からデンマークの民話などに関心を持った。コペンハーゲンの大学で神学を学んだが、自ら民話も学ぶ努力をした。卒業後は神学や民話、あるいは詩集の出版に精を出した。彼は神学に根ざした説教も行ったが、詩集のみならず、英語文学でも活躍した。これだけ多才な宗教家、文学者であればデンマークの国民から敬愛の念を持たれたのは自然なことであり、デンマーク人民の精神的な支柱となった。

これらのことから、デンマークの福祉制度はイギリスやドイツのようにまずは工場労働者からスタートしたというよりも、農民を含めた国民全員が加入する社会保険制度として出発した。この点はすでに述べたスウェーデンと同じであり、これが北欧型福祉国家の特色の一つと理解したい。

税収を財源とするデンマークの福祉制度

ドイツはデンマークにとっては南の隣接国であり、デンマークはつねにドイツによる侵略の危機にさらされていたが、ビスマルクの社会保険制度導入の影響力をも受けていた。そこで1891年についにデンマークでも社会保障制度の誕生を見た。それが無拠出年金制度である。

ここでは〝無拠出〟というのが重要である。働いている国民から保険料を徴収するのではなく、年金給付の財源は広く国民から徴収する税金を充てるという制度である。しかも年金給付額は一定額を原則としたので、高齢者に最低限の生活保障を行うウェッブ流のナショナル・ミニマムの精神に合致する。支給に際しては、ミーンズ・テスト（資産調査による資格認定審査）を行って、十分に所得のある人には年金を支払わない制度とした。

一方で、医療に関しては1892年に保険料拠出を財源にして医療保険制度が導入された。19世紀末から20世紀中頃までは、年金は税方式、医療は保険料方式の二頭立てであった。イギリスでは年金は保険料方式、医療は税方式という正反対の財源策を採用していたので、両国での違いに注目してほしい。

ところがデンマークは1970年代以降になってから年金・医療ともに税方式を採用す

図4-1　世界各国の社会保障負担率と租税負担率（2006 年）

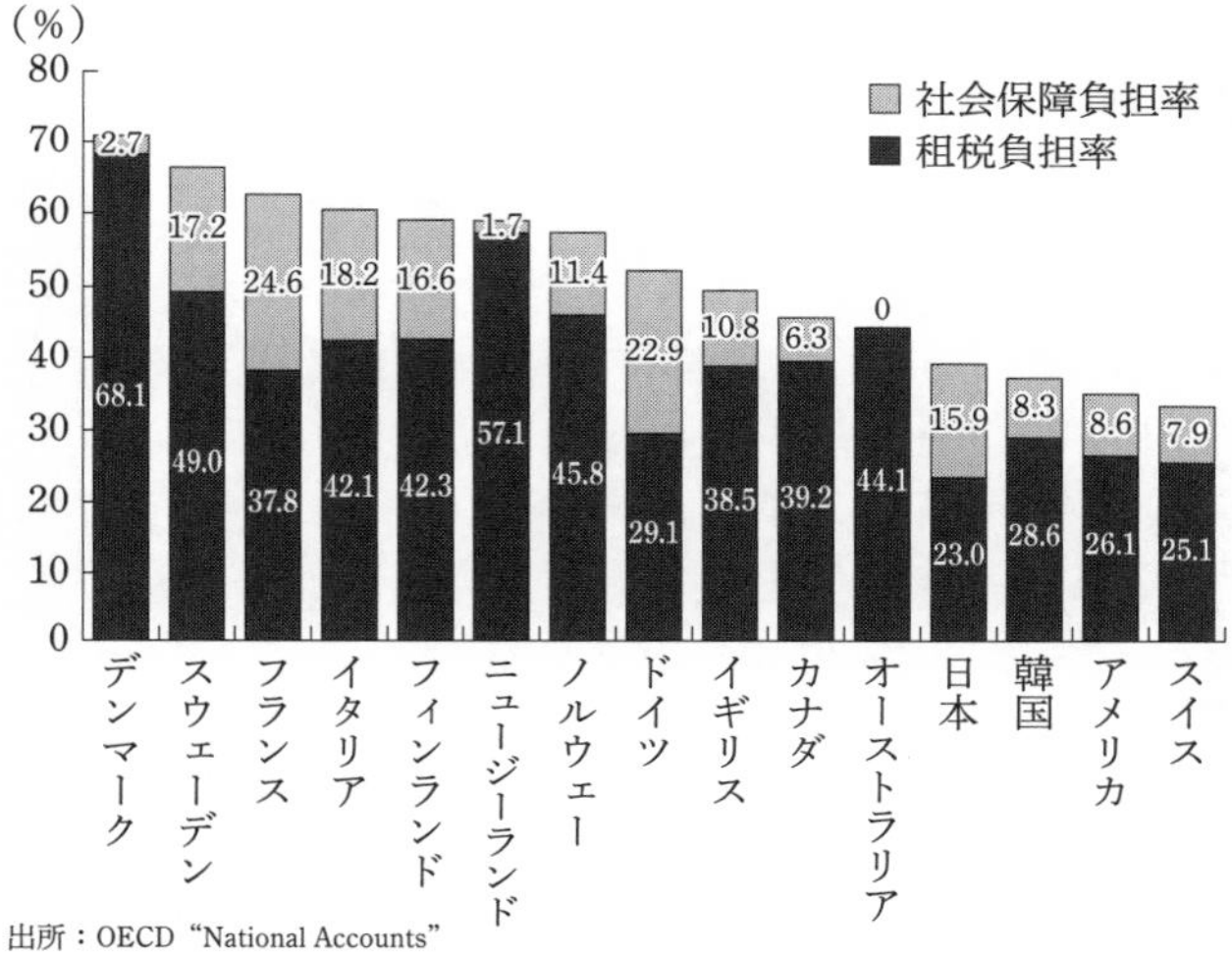

出所：OECD “National Accounts”

ることとなる。世界を見渡してもいくつかの少数の国に限定されるが、社会保障は税方式による財源調達の国なのである。

そのことを図４－１で確認しておこう。この図はＯＥＣＤ諸国に関して、社会保障と租税の負担構成を示したものである。デンマークは世界最高の国民負担率であるのみならず、両者のうち租税負担率は68・1％、社会保障負担率は2・7％と、租税負担率がはるかに高い。これは社会保障給付の財源を税方式で調達していることの証拠となる。

ちなみに先進国のなかで圧倒的に税方式に特化している他の国はオースト

ラリアとニュージーランドである。この2ヵ国は旧イギリス植民地であり、イギリスの医療の税方式の伝統を継承したうえに、年金まで税方式にしたのであり、圧倒的な税調達方式の国になった。ついでながらドイツは保険料調達の比率の高いことがわかる。

日本はどうか。税負担がやや社会保障負担より多いが、これは日本の社会保障給付の財源を税と保険料の双方で調達している、という複雑な方式の証拠となる。ところで筆者は年金（特に基礎年金）を税方式に転換せよ、と主張している。ここでは詳しいことは述べないが、拙著『消費税15％による年金改革』（２００５年b）を参照のこと。

デンマークにおいて、一昔前は、所得税がその中心税収であったが、消費税が導入されるようになってからは、消費税が中心となっている。現代ではデンマークの消費税率は25％という高税率である。ちなみに所得税率も40〜60％の高率である。これほど高い税率でありながら、高い社会保障給付が保証されているなら、高い負担を受け入れる、と国民は宣言している。

野村『ノーマライゼーションが生まれた国・デンマーク』（２００４年）、拙著『安心の社会保障改革』（２０１０年）によると、デンマーク国民はおよそ50％強の人が高い負担を気にしない、と回答している。ついでながら20％前後の人は高過ぎると批判しており、逆に20％前後の人は今より給付が増えるなら、負担は増えてもかまわない、と回答している。

税負担を嫌う日本人からすると、デンマークの国民の意向は理解不能であろうが、高い福祉が保証されるなら高い負担を容認するという考えは一考に値する。

4 非福祉国家アメリカ――小さな政府と福祉資本主義

ほぼ存在しない公的医療保険

では、世界最強の経済大国アメリカではどうか。アメリカといえば、資本主義、小さな政府、自由主義、格差社会を思い浮かべる読者も多いだろう。

本章との関係でいえば、アメリカでは公的医療保険はごく一部の高齢者と貧困者を除いて存在しない。介護保険制度も存在しない。公的年金制度は限定的にしか用意されていない。要は自分の福祉は自分で準備すべきという非福祉国家なのである。しかも経済は自由主義と資本主義で運営されているので、競争の激しいことから国の経済は強くなるとしても、所得格差の拡大が出現する。小さな政府を旨とするので、大きな格差を縮小する政策の動きはない。

自立を促す気風

16世紀から17世紀にかけて主としてヨーロッパから、そして他の地域からもアメリカに移民が集った。本国を嫌いになった人や住みづらくなった人が移住し、新天地での生活を夢見た人がアメリカ人である。頼るのは自分だけ、という思いが移民とその子孫に強いので、自然と競争は激しくなる。勝者は大きな果実を得るが、敗者を救済する姿勢はさほど社会になく、再チャレンジを期する頑張りを求めるだけである。

とはいえ、イギリスからの移民が多かったので、初期のアメリカではイギリスの教会中心による「救貧法」を模範とした弱者・貧者対策が取られもした。さらに19世紀には、後のアメリカの特色の一つとなる慈善団体によるボランティア活動を中心にした扶助活動も見られた。政府がほとんど何もしないので、それに代わる福祉活動の担い手となったのである。

また、アメリカにおいても、ヨーロッパに学んで年金、医療、失業などの社会保険制度を充実させるべきという意見もあり、政府や州政府にそれを働きかける運動も存在した。特に学問の分野ではソースティン・ヴェブレン（1857〜1929年）、ジョン・ロジャーズ・コモンズ（1862〜1945年）、ウェズリー・ミッチェル（1874〜1948年）などに代表されるように、ドイツ歴史学派にならっての制度学派が生まれて、社会政策を導入すべきとの主張もあった。

例えばヴェブレンは、『有閑階級の理論』で富豪たちが派手な消費に走る姿を批判したし、『営利企業の理論』では、営利だけを目的とした企業が存在することを明らかにして、それを批判した。コモンズは、家族、企業、労働組合、国家などの経済主体が社会でどのような貢献をすべきかを考えて、ヨーロッパにならって各種の社会保険制度をアメリカでもつくる必要があると主張した。

ここで述べた主張は一部では社会で認められたが、残念ながら大まかには無視されることが多かった。企業の強くなることは社会で当然のこととして望まれることだし、労働者を甘やかしてはダメとの思いが経営者に強かった。自立を促す気風の強いアメリカでは、社会全体でも社会保険制度の充実を望まない雰囲気が強かった。とはいえさすがにアメリカでも徐々にではあるが、失業保険などの分野で制度は導入されることとなった。

しかしアメリカでは公的医療保険が誕生することはなかった。一つの理由として、アメリカの医師会はその勢力がとても強くて、全国民を対象にした公的医療保険制度が導入されたら自分たちの収入が減少するとして、強硬に反対運動を展開した歴史がある。ごく一部の高齢者と貧困者は公的医療保険に加入できるが、一般の人は民間保険会社の提供する私的医療保険に加入することとなった。保険料が高いだけに低所得者は加入できず、無保険者の存在がアメリカの特色となっている。

戦前アメリカの福祉資本主義

低負担・非福祉国家のアメリカであっても、一時期は福祉の充実した時代があった。1910年代から1920年代にかけて、アメリカ経済が資本主義国として強くなった時期に、大企業を中心に企業内福祉を充実させた。それをサンフォード・ジャコービィは「福祉資本主義」と名付けたのである（『会社荘園制』1997年）。

企業が雇用の促進、内部昇進、年金などの私的保険を提供する、社員が住める住居（社宅）を用意する、病院、食堂、スポーツ・文化施設などの提供、などといった企業独自のサービスを社員に行うことで、良好な労使関係に期待するのであった。経営と労働が一体となって、企業の生産活動を活発にする作戦として、共同体的な組織をつくったのである。

中世の荘園に似たところもあるので、「荘園資本主義」と呼ばれることもある。どこか日本のこれまでの大企業で見られた企業内福祉、労使関係ではないか、という印象を持たれるのではないだろうか。過去の日本の大企業はこうして良好な労使関係と高い生産性を誇った時代があった。第一次世界大戦前後の20〜30年は、アメリカの大企業では企業内福祉の充実した時代があった。国家が福祉に関与しないアメリカでの企業内福祉による代替であった。

これはドイツのビスマルクが、労働者に福祉というアメを与えて、見返りにムチとして高い労働意欲を期待する、という制度に近いのではないか、と思う人もいるだろう。まさに歴史はくりかえすというのが、ドイツのビスマルク時代とアメリカの福祉資本主義、そして日本の戦後の大企業における企業内福祉の例である。

ニューディール政策

1929年に始まったニューヨーク株式市場における株価の大暴落を契機に、アメリカ経済は大恐慌に陥った。街は失業者であふれ、路上生活者が目立つという大混乱の時代に入った。1933年には失業率は24・9%にまで達した。1920年代ではそれが5%前後であったことと比較すると、いかに経済が不振であったかがわかる。

この大恐慌時のフランクリン・ルーズベルト大統領（在任は1933〜1945年）は、アメリカ経済の復興策をさまざまな角度から実行した。例えば復興金融公社（RFC）をつくって、金融困難に苦しむ企業に対して救済融資を行った。さらに公的資金を用いてさまざまな公共事業への投資を行い、企業が新しい労働者を雇用できるような経営支援を行った。高校の教科書にも出てくるテネシー川流域のダムや電力発電所の建設を行う事業（TV

A と称された）は、失業対策としてある程度功を奏して成功例として有名である。

これらの政策はニューディール政策と呼ばれる。ケインズの『一般理論』（1936年）はまだ出版前であったが、ケインズの「不況の経済学」は論文やマスコミへの寄稿で世の中に知れ渡っていたので、ルーズベルト大統領はケインズ政策を援用したと考えられる。すなわち不況克服のためにさまざまな財政金融政策を発動したのである。ルーズベルトのニューディール政策は成功して、アメリカ経済は復興を果たした。ケインズ経済学の有効性がアメリカで認められたのである。

本章との関係でニューディール政策を評価しておこう。ルーズベルト大統領は、大量の失業者と貧困者を生んだ大恐慌に対処するため、失業、年金などの社会保険制度を確立し、公的扶助制度や社会福祉事業への補助などの福祉政策を行おうとした。しかしアメリカ国民が自立を尊重するスタンスを克服できず、なかなか全部の法律を通すことができなかった。

特に再び医師会の反対によって、医療保険の樹立を達成できなかった。失業や年金などの社会保険においても、そのサービスの程度は当初予定していた水準よりもかなり低いものにならざるをえなかった。

小さな政府を旨とする国是、国家には頼らない自立主義の発露によって、ヨーロッパほどの福祉国家の域に達することはなかった。ニューディール政策によってもアメリカは基本的に非福祉国家でありつづけたのである。

レーガン・サッチャー路線

最後に、戦後のアメリカを簡単にレビューしておこう。第二次世界大戦を契機にアメリカは経済の超大国となり、国民は平均的には豊かな経済生活を送ることができた。しかし格差社会を是正する動きはほとんどなかったし、逆に富豪はますます豊かになり、貧困層の深刻さは増したのである（強いて挙げれば、人権運動が活発になったことにより、人種間の格差は良好な方向に向かった）。

経済に関しては、1960〜1970年代になって製造業が弱くなるとアメリカの絶対的優位はゆらぐ時代を迎えた。

ところが最近になってIT革命が成功して、アメリカ経済は再び強くなる兆候を示している。しかし第6章で明らかにするように、アメリカは大富豪が多くいる社会となるのである。

アメリカでは基本的には経済の運営は新自由主義、あるいはリバタリアニズム（自由至上主義）の思想に忠実な経済体制にあった。具体的にどのような政策を行ったかは、イギリスのサッチャー首相のところで述べたので、再述しない。典型的にはサッチャー首相に心酔したレーガン大統領（在任は1981〜1989年）に継承された。世の中ではレーガン・サッチャー路線と呼ばれている。

第5章　ピケティの登場

1　ピケティによる衝撃

50万部のベストセラー

ここまで述べてきたように、格差という問題に直面した政府、学者たちの関心は、貧困者の存在、高所得者と低所得者間の格差の大きさに向けられてきた。しかし２０１３年に新しい分析が提出された。資本主義では、高所得・高資産保有者が存在することを示し、格差論の新しい視点が明らかにされた。

２０１３年にフランス人のトマ・ピケティ（１９７１〜）によって『21世紀の資本』が出版された。フランス語の本だったので世界的な反響はなかったが、２０１４年に英語版が出版されると、たちまち大きな反響を呼んだ。専門書にもかかわらず50万部も売れ、大ベストセラーとなった。日本語版も２０１４年に出版され、かなり売れた。日本語版でも７００ページを超える大著にして世界でこれだけの量が読まれたのは奇跡である。

なぜこれだけ大きな反響があったのだろうか。世界の資本主義国内で所得と資本の格差が拡大しているという事実を多くの人がうすうす感知していた。そこにピケティが、経済理論に立脚して、かつ広範囲な資本主義国の統計データを駆使して高所得・高資産保有者の存在の実証に成功したので、世の中で受け入れられたのである。日本においても格差社会が語られていたこともあって、大きな関心を呼んだ。2015年の1月、ピケティが来日して日仏会館で講演をしたとき、筆者はその討論者として彼と対談をさせていただいた。

フランスの経済学者から格差の問題が提起されたのは、筆者としては意外感がある。これまでの章で述べてきたように、フランスの経済学はケネーやワルラスで代表されるように、格差は大きな課題ではなく、経済効率を高めるための自由主義、市場主義を論じることが中心話題であった。とはいえ、空想的社会主義は思想上の影響力はあったが。むしろ、リカード派社会主義、J・S・ミルの資本・土地の国有化論、フェビアン協会に象徴されるイギリス、マルクスやエンゲルスに象徴されるドイツの方が、社会主義そのものを論じて格差、不平等、搾取などに対する関心が高かった。なぜフランス人のピケティかは次に記される。

ピケティの経歴

1971年にパリ近郊で生まれたピケティは、18歳でエコール・ノルマル・シュペリウール（高等師範学校）に入学する。この学校は、エコール・ポリテクニク、ENA（国立行政学院、２０２２年に国立公務学院に統合）とともに三大グランゼコールの一つという名門校で、入学試験がとても激烈なエリート校である。

ピケティはこの学校で数学を専攻した。数理経済学の祖クールノーや一般均衡の存在を証明したドブリュー（ノーベル経済学賞の受賞者）もこの学校で数学を学んだし、現代の経済学は数学を駆使するので、ピケティが数学を学んだのは決して不思議ではなかったし、無駄でもなかった。

ピケティは大学院で経済学を専攻するが、進学先はロンドン・スクール・オブ・エコノミックス（通称ＬＳＥ）とパリの社会科学高等研究院（ＥＨＥＳＳ）の共同学位プロジェクトである。特に指導教官であったＡ・アトキンソン（主著は Atkinson, A., *Inequality: What Can Be Done?*, Harvard University Press, 2015）は所得分配の理論や社会保障論の大家だったので、その影響は大きかった。ピケティは22歳の若さで博士号を得るが、博士論文のタイトルは『富の再分配の理論についての考察』であった。

優秀なピケティはアメリカの名門・マサチューセッツ工科大学（ＭＩＴ）で教職を得るが、２年間の短期間でアメリカを去り、フランスに戻る。その理由は、アメリカの経済学が数学を用いすぎて、現実の経済から離れた空理空論の研究に毒されていることを嫌ったから、とされている。

彼はやがてパリに創設されたパリ経済学校の教授になる。この学校はフランスにありながら英語で講義を行うというユニークな学校である。自国語であるフランス語を大切にするフランスにおいて、英語で経済学を教えるというのは一昔前では想像できなかった。それだけ英語が世界語になっていることと、経済学はアメリカとイギリスが最高の研究水準にある時代になっている証拠となる。

膨大な統計

フランスに戻ったピケティは、フランスの豊富な統計資料の解析に取り組む。現実の経済とは無縁な数学を用いた経済の理論分析に失望したのであるから、所得のデータを用いて所得分配の実状がどうであったかを詳細に実証分析したいと希望したのである。

官僚大国であるフランスでは税務統計の集計と保存が行き届いていた。税務統計であるだけに所得の統計も十分正確に記録されていた。しかも100年以上の長期にわたる統計だけに、所得と税の統計量は膨大なものになったことは確実であった。しかも現代のようにディスクに保存された数字は最近のものだけに限定され、大半の古いデータは紙面に記された大量の数字を扱うので、気の遠くなるような作業であった。ピケティは「倉庫の地下で紙と数字と格闘した」と述べているので、きっと忍耐強い性格の持主と想像できる。

所得分配の分析に税務統計を用いるには、一つの限界がある。それは日本もそうであったが、かなり昔の時代においては税金（所得税）を払っていたのは、一定の所得以上を稼得している人だけだった。このことは低所得者は統計に掲載されていないことを意味しており、全国民を対象とした分析は不可能となる。ピケティの所得分析の特色は高所得者・高資産保有者の分析に基づくという点にあるが、その要因の一つはここで述べた税務統計の限界に起因していると解釈できる。

とはいえ、最近の統計では低所得者、あるいは所得のない人までを含めた所得統計が利用可能になっているので、より広範囲で厳格な所得分配の統計分析が可能な時代になっている。ただし日本においては、いまだに税務統計による所得分配に関しては、国税庁が個票を公開していないので、詳細な所得分配や税による再分配分析を行うことは不可能に近い。

上位10％の所得の占める割合

ピケティはこれまで述べてきた作業の研究成果を、『格差と再分配――20世紀フランスの資本』として2001年に出版した。当然のことながらフランス語版であった。日本語版は2016年の出版であり、1100ページ近くもある大著である。フランス語版なので

図5-1 所得全体に占めるトップ十分位の所得の割合
（1900-1910年および1919-1998年）

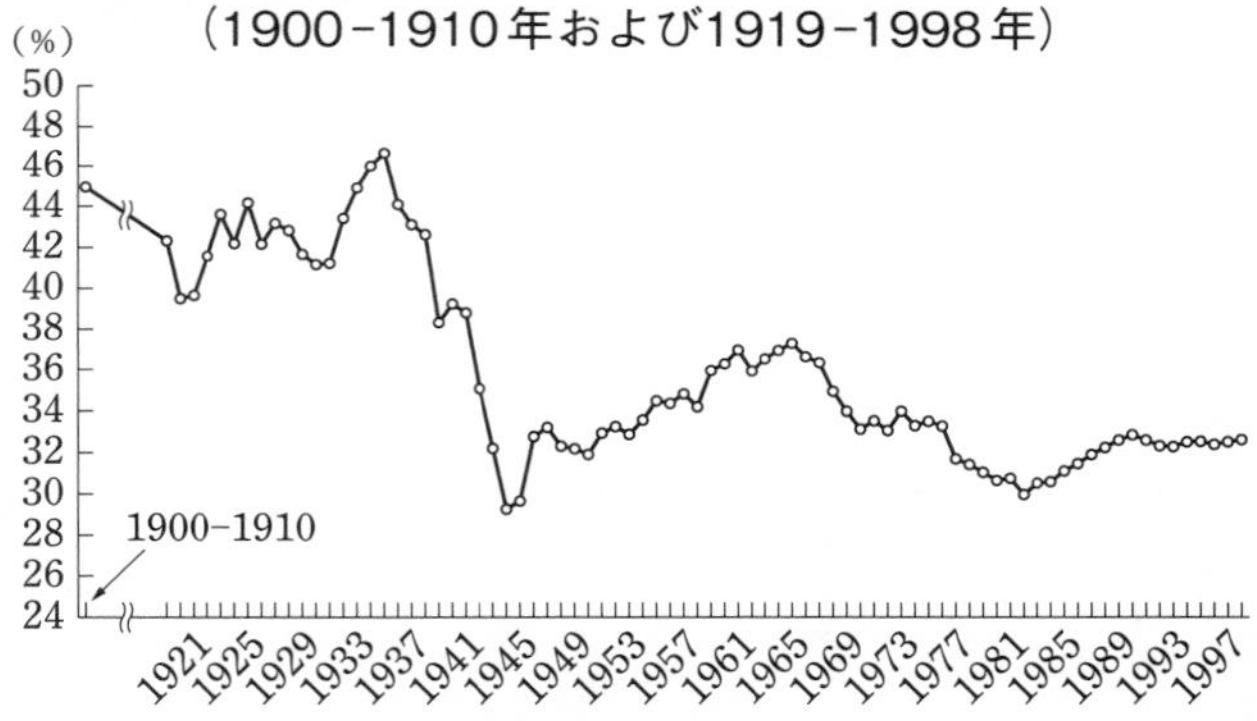

出所：ピケティ（2016）『格差と再分配』早川書房、156頁

世界的な反響はなかったが、ピケティにとっては膨大な所得データの解析に慣れ親しめたことは、次のステップへの準備となった。しかもフランスでの分析方法を他の国に応用できるし、国際比較を可能にした。

図５－１は１９００年から１９９８年までの１００年弱の長期にわたって、フランスの所得分配、特に高所得層の動向を示したものである。具体的には、トップ十分位（最高所得の人からの順位で並べて、上位10％の位置にいる人）の所得合計が、国民全員の総所得に占める比率を示したものである。％数字の大きいほど、高所得者がより高い所得を稼いでいる指標となる。

この図の教える点は以下の通りである。第一に、第一次世界大戦（１９１４～１９１８年）以前の１９００年あたりから１９３０年代までは、小さな変化はあるが40％から47％あたりの高い比率にあった。この時代では高所得者はかなり高い所得額を得ていたのである。

第二に、第二次世界大戦（1939〜1945年）直前から終戦まで高所得者に属する人の所得比率が47％から30％にまで激減している。これは第二次大戦以前の民主化路線の実行と、戦争によって経済が停滞したので、高所得者自身の所得が低下したことによる。

第三に、第二次世界大戦の終了を迎えると、経済の繁栄があって高所得者の所得が増えたことにより、比率は上昇傾向を示した。それが収まると、1965年あたりから比率はゆるやかな減少を示しており、高所得者の高額所得は低下の傾向を示し、1980年あたりからやや反転したのである。

累進度の緩和がもたらした格差拡大

重要な情報が図5－2で示されている。これは高所得者のなかでも超高所得者とされる上位0・01〜0・1％、上位0・1〜0・5％、上位0・5〜1・0％の位置にいる人の所得額の変遷を示したものである。これによると、戦後になってから超高所得者（特に0・01〜0・1％の超上位者）の所得額の増加したことが明らかである。

この発見は後にピケティの『21世紀の資本』において他の先進国（特にアメリカやイギリス

図5-2「上流階級」(分位 P99-99.5、P99.5-99.9、P99.9-99.99)の平均所得 (1900-1910年および1915-1998年、1998年フラン換算)

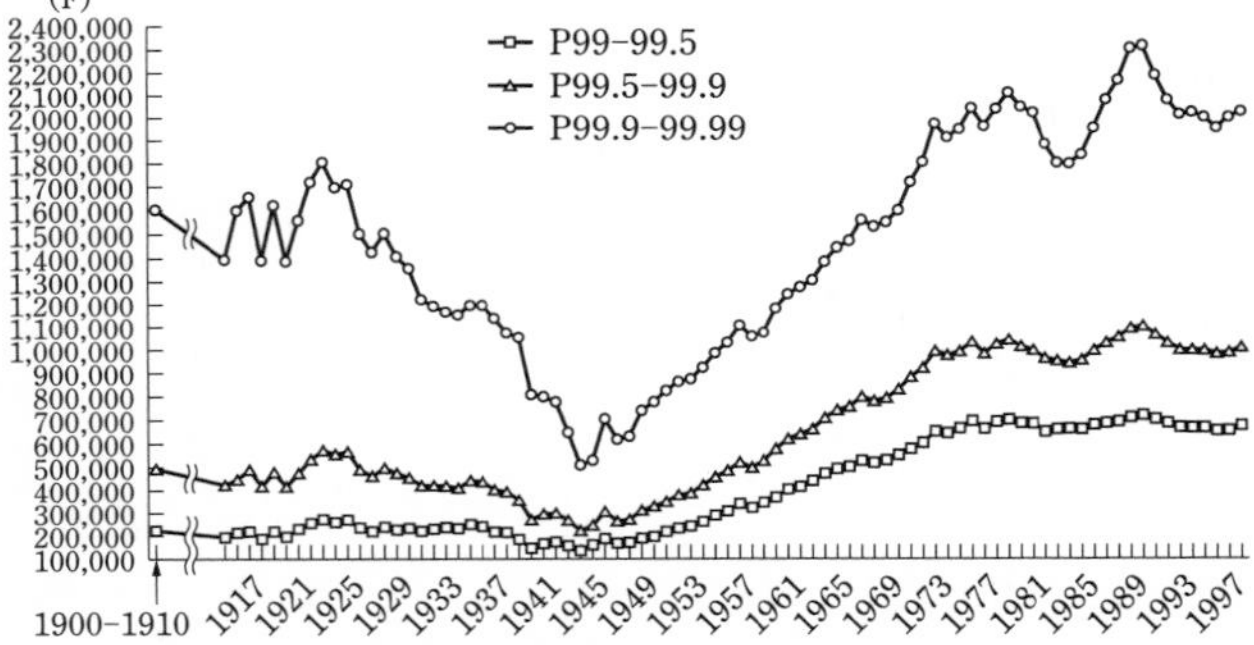

出所：ピケティ（2016）『格差と再分配』早川書房、186頁

など）でも観測された事実と同一である。現代の資本主義では高所得者がますます所得額を増やしているとの主張は、ピケティの発見の重要な点である。

次に、高額所得者への所得課税率の変化を見ておこう。

図5－3は、所得税における最高限界税率（すなわち最高の所得者に課せられる所得税率）の変遷を示したものである。まず、第一次世界大戦中とその後の一時期（1923年頃まで）は急激に税率が上昇した。なんと0％から90％までの急上昇であり、高額所得者に高い税率を課すことに社会的合意があった。

1924年から1927年にかけてそれがかなり下降し、その後第二次世界大戦までにかけて再び所得税率は上昇を示した。これは戦費調達が一

図5-3 1915-1998年の所得税の最高限界税率

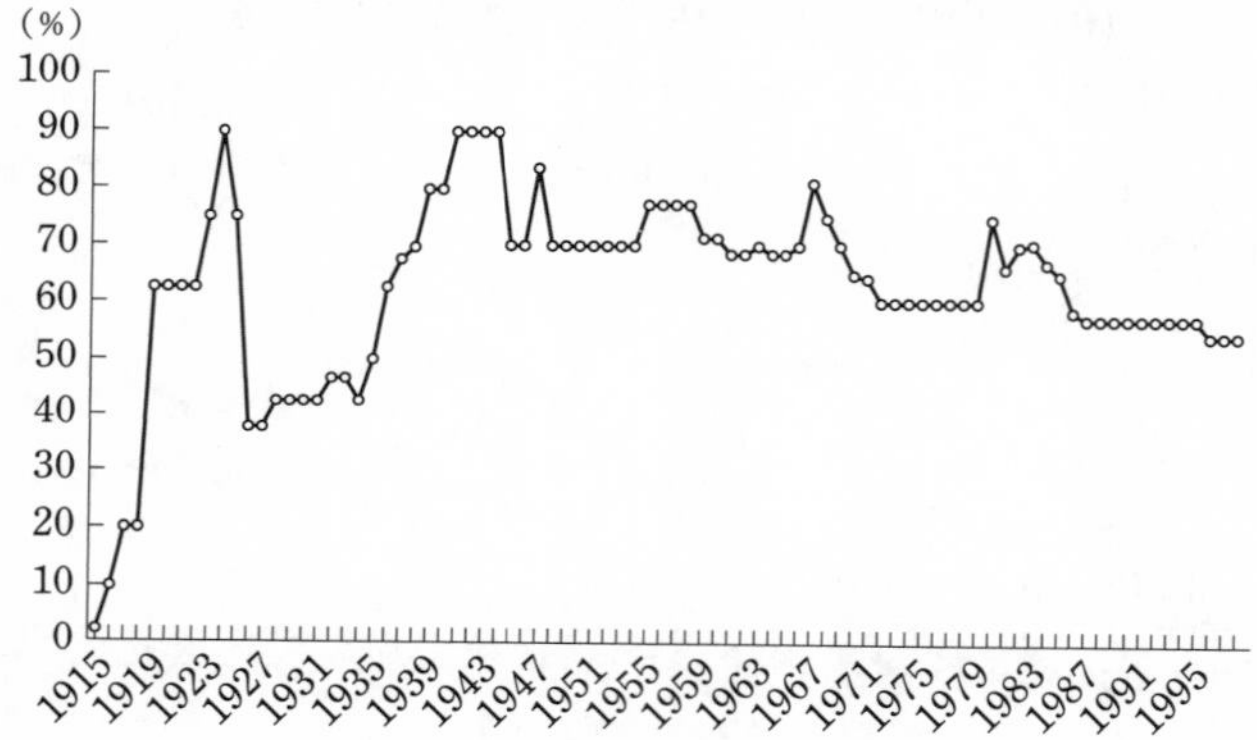

出所：ピケティ（2016）『格差と再分配』早川書房、418頁

つの要因と想像されるし、社会において格差縮小という平等主義が再び盛り上がったのである。

　ところが第二次世界大戦後になると、最高税率は90％前後から60％前後にまで徐々に下降することとなった。これは高所得層から自分たちの所得税率が高過ぎるとの不満が高まり、政府がそれを容認したからである。所得税による所得再分配効果が弱くなったことを意味する。すなわち格差社会の拡大が税制によってもたらされていることがここでわかる。この所得税率の累進度の緩和策は、後に日本やアメリカに関しても詳しく示されるが、最近における資本主義国の特色となっていることを記憶しておいてほしい。

2 『21世紀の資本』——なぜ格差は拡大したか

格差拡大の経済理論

『21世紀の資本』は資本主義国における所得格差が（それは特に高所得者の所得がますます高くなったことで示されるが）、大きくなったことを明らかにした研究として有名になった。しかし同時にそれを説明するための経済理論を提供したことでも注目される。

ピケティの理論は、次の二つの方程式から導かれる定理で説明される。一つは、ポスト・ケインジアンとして有名なハロッド（イギリス人、1900～1978年）とドーマー（当時はロシア領だったポーランド生まれのアメリカ人、1914～1997年）による経済成長を説明する公式である。すなわち$\beta = s/g$である。ここでβは資本／所得比率、sは貯蓄率、gは国民所得の成長率である。この式の意味は、所与の資本／所得比率の下で、貯蓄率の大きさがどれだけの所得成長率をもたらすか、にある。この式よりもハロッド自身の定式化である$K/Y = s/g$の方がわかりやすいかもしれない。ここでKは資本、Yは国民所得である。

ところで経済学徒にとっては、ケインジアンの成長式よりも、$Y = F(K, L)$という生産関数を出発点とする新古典派の成長式（すなわち労働〈L〉も生産に寄与する考え方）の方になじみがあるかもしれない。しかし、ピケティの目的は資本の役割を評価したいところにあるので、労働を考慮しない生産関数であっても、あながち不適切ではない。

もう一つの式は、会計上の恒等式である $\alpha = r \times \beta$。ここで α は資本所得／国民所得比率、rは資本収益率である。この式の意味はいつでも成立する帳簿上の恒等式とみなしてよく、特別な意味はない。この式と前のケインズ型（正式にはハロッド型）成長式と合わせて、ピケティは次の命題を導き出した。

命題：$r > g$ という関係の成立する時期が多いが、この時は富の格差が拡大する時期に相当する。なお逆に $r < g$ の成立する時期では、富の格差は縮小する。

ピケティはこの命題を用いながら、統計によると多くの時期でrは4〜5%、gの値は1〜2%なので、$r > g$ が成立していたことを読み、現実の経済では資本の格差が拡大する時期が多かったと説明した。これがここ最近の30〜40年の格差拡大の時期の説明になる。ところで $r < g$ の成立した時期は、ヨーロッパを中心にして第一次世界大戦と第二次世界大戦の間が相当したのである。

ピケティの解釈は、r＞gの時期は資本（富）の蓄積がますます進行し、労働所得の伸びよりも資本所得の伸びが上まわり、結果として資本の格差拡大が進行するし、総所得に関しても高所得者の利子・配当所得がますます増えるので、所得格差の拡大を生むとした。

ここで大切な事実は、数字では示さないが、高所得者が低所得者よりも資本（富）を持つ比率が圧倒的に高いのは、直感でも理解可能である。資本収益率（r）も高いので、資本所得もますます高くなる。これによって高資本保有者と高所得者がますます富と所得で有利になるのは明らかとなる。

高所得者・高資産保有者が目立つアメリカ

『21世紀の資本』の成功はフランスのみならず、世界の10ヵ国以上の資本主義国の所得・資本格差の実態を分析した点にあると述べたので、それをここで確認しておこう。

図5－4、図5－5は、アングロ・サクソン諸国と日本・大陸ヨーロッパ諸国という主要8ヵ国の所得格差の動向を、1910年から2010年までという100年間の長期にわたって示したものである。トップ1％の高所得者が国民全員の総所得額に占める比率を各国別に示しているところにピケティの特色がある。この比率が高くなるほど、高所得者の所得がますます高くなって格差社会が進行している、と解釈できる。

図5-4 アングロ・サクソン諸国での所得格差 1910-2010年

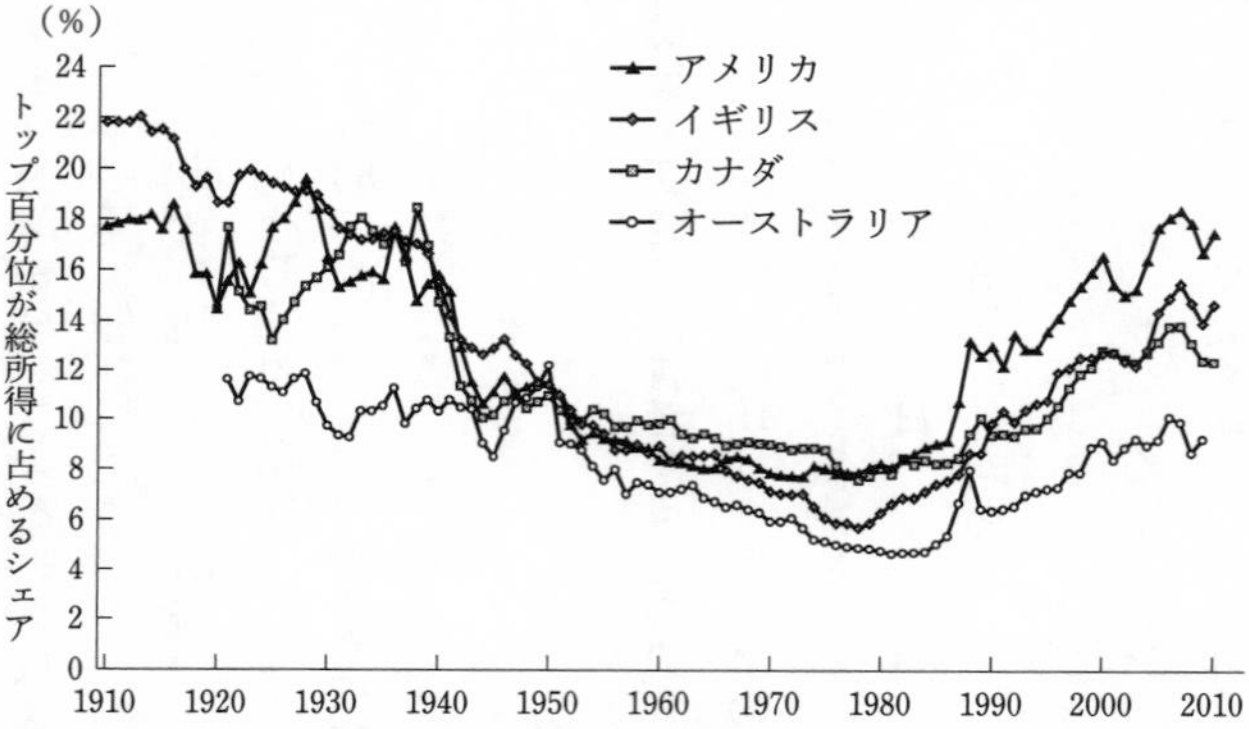

出所：ピケティ（2014）『21 世紀の資本』みすず書房、328頁

図5-5 大陸ヨーロッパと日本での所得格差 1910-2010年

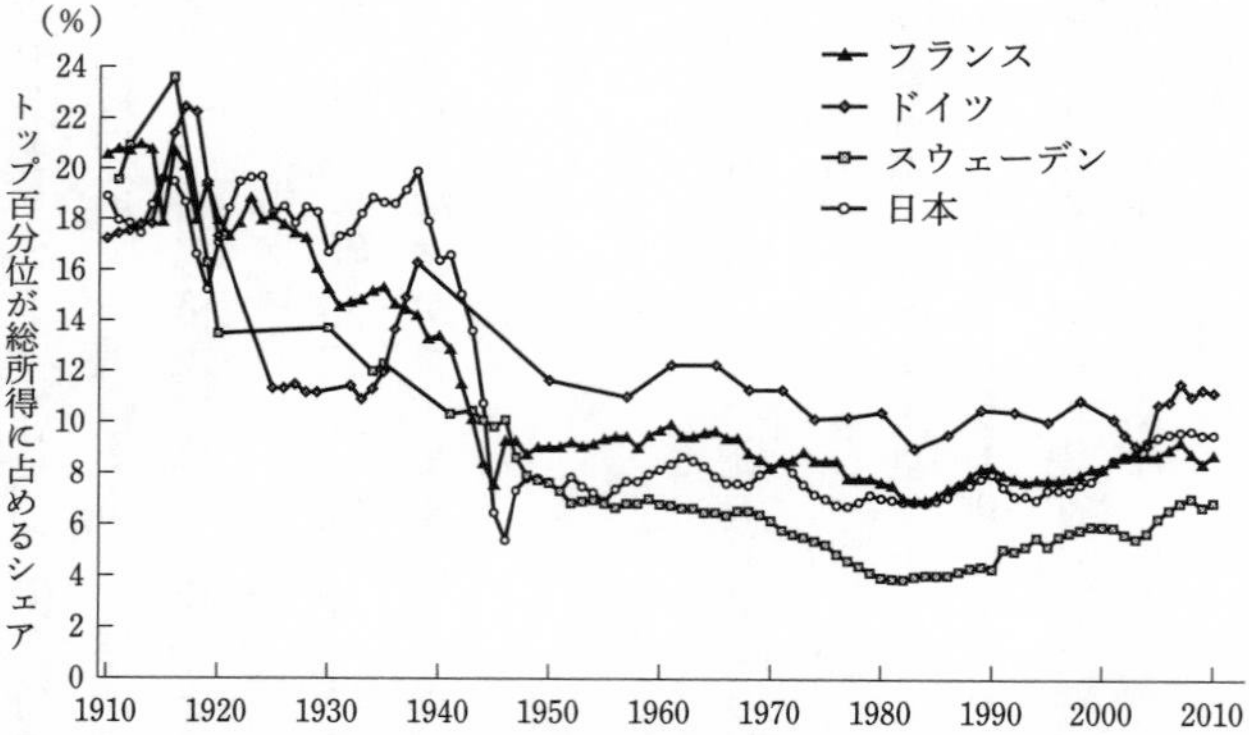

出所：ピケティ（2014）『21 世紀の資本』みすず書房、330頁

次のような事実がこの二つの図よりわかる。第一に、第一次世界大戦前後においては、ヨーロッパと日本がほぼ同じ水準であり、アメリカはほんの少しであるがヨーロッパや日本より低かった。この時期は、アメリカは高所得者の所得は意外と低くて、ヨーロッパや日本より平等社会であったと解釈できる。

第二に、第一次大戦後はほとんどの国で高所得者の所得が低下したので、平等性が多少進行したとみなしてもあながち誇張ではない。その傾向は第二次世界大戦前後まで続いた。この大戦によって経済社会が崩壊したことも、高所得者の高所得額を減少させることにつながった。

第三に、フランス、ドイツ、スウェーデン、日本という4ヵ国では、高所得者の所得が国民全員の総所得額に占める比率はほぼ一定の数字で進行した。これは大陸ヨーロッパと日本では高所得者の稼ぐ所得に大きな変化はなかったことを意味している。

ところが、第四にアメリカ、イギリス、カナダ、オーストラリアというアングロ・サクソン諸国では、この比率は1980年代から上昇しはじめ、1990年あたりから急上昇を示した。なかでもアメリカにそれが顕著で、上昇率がとても高いのに加えて、絶対所得水準でも他国よりもかなり高くなっている。

アングロ・サクソン諸国は市場原理主義が他の資本主義国よりも強く信じられているの

で、経営者層を中心にした高所得者層の所得の伸びが高いのである。

この特色は、イギリスを加味したアングロ・サクソン諸国のなかでも、特にアメリカにおいて顕著である。アメリカは高所得者・高資産保有者がもっとも目立つ国である。

第三と第四で述べたことが特にピケティの主張したい点であった。世界の資本主義を四つの地域（すなわち、①英米両国、②カナダとオーストラリア、③大陸ヨーロッパ諸国、④日本）に区分すると、地域によって格差社会の進行の程度は異なる、ということになる。まとめれば、もっとも富裕化の進んだのは、アメリカとイギリス、ついでカナダとオーストラリア、その次が日本と大陸ヨーロッパ諸国ということになろうか。

ただし、大陸ヨーロッパと日本に関しては、格差社会は進行しなかったと、みなすべきではない。確実にこれらの国においても格差社会は進んだのであり、資本主義の宿命から逃れることはできなかった。ただその程度がアングロ・サクソン諸国よりも小さかっただけである。

じつは超高所得者の動向から日本と大陸ヨーロッパを比較すると、日本の方がドイツを除く大陸ヨーロッパより格差社会の深刻度は高い。第1章で示したように貧困という視点から見ると、日本の方が格差社会はより深刻であったので、日本は超高所得者と貧困者の双方の視点から、ピケティの研究によっても格差社会にいると結論づけられる。

「一人勝ちの理論」——『21世紀の資本』の受容

この書物が出版されてから、学界のみならずメディア、財界、労働界、政界から各種各様の反響が世界各国から寄せられた。書評の数も無数となった。ここではまず好評判を中心にまとめてみたい。

まず専門の経済学者のうち、絶賛の評価は二人のリベラル派経済学者から提供された。それはスティグリッツとクルーグマンというアメリカ人で、ともにノーベル経済学賞を受賞した大家である。ここでは、クルーグマン（2014年）のそれを要約しておこう。

まずクルーグマンはピケティが所得分配の上位1％にいる最高所得者の所得や資産がいかに高いかを、統計を用いて正確に分析したことを評価する。それを10ヵ国以上の資本主義国において実行したし、特にその現象が目立つアメリカの証拠を示したことに価値があるとした。

アメリカのトップ経営者、スポーツ選手や芸能界のトップスターなどの収入は、年間で100億円を超えることもあるような、とてつもない高額である。そのことを統計的に証明して、それらが高過ぎるとの批判をクルーグマンは言いたかった。アメリカという外国のこととはいえ、筆者も同感である。

経済学最先端の国アメリカでは、ごく少数の才能と実績に秀でた人が、非常に高い収入を得るということを、経済理論として証明しているほどである。労働経済学者のS・ローゼンの仕事で、「一人勝ちの理論」と称されている理論がある。これを所得の実証研究として広範囲に証明したピケティの業績をクルーグマンは評価したのである。

ピケティはアメリカの所得税率では累進度の弱いこと（すなわち高所得者への低い税率）を批判して、累進度の強化を求めるが、クルーグマンはこの主張に100％の賛意を表明している。第6章でアメリカの所得税率の変遷を議論するが、ここでは政治の分野において民主党は累進度の強化、共和党はそれの弱体化を主張するので、クルーグマンは民主党支持者であると想像できる。

次に、クルーグマンは『21世紀の資本』が読み物として成功していることを評価している。フランスにおける歴史的な事象として、フランス革命、ヨーロッパの三十年戦争、ベルエポック時代などの有する意味を格差の問題と関係づけたり、有名な文学作品（例えばバルザックの『ゴリオ爺さん』など）を引用して格差問題を論じていると述べる。

最後に、クルーグマンはアメリカにおける過度な金融自由化策も、ピケティの証明した資本所得の増加に寄与したのではないか、として付加的理由を述べた。高所得者は資金の余裕があるので多額の金融投資ができるのであり、金融資産の収益率が高ければ（特に$r>g$

の時代であれば)、所得がますます高くなるのは当然である。ピケティもクルーグマンのこの理由を認めているので、これ以上言及しない。

『21世紀の資本』への批判

格差、不平等、搾取、差別などの言葉で代表されるように、マルクス主義はこれらの課題を批判する思想とも言えるので、マルクス学派の人びとは基本的にピケティの書物に好意的であった。とはいえ細かい点からは、それなりの批判が向けられたので、それらのいくつかを記しておこう。

マルクス経済学でも近代経済学と同様に、数学を用いて分析的な理論を展開するグループがある。アナリティカルマルクス学派とも称される。このグループの代表者の一人、ローソン(2014年)による批判を取り上げよう。

ローソンは、生産関数における資本と労働の代替の弾力性(σ)が1・0より大きいときと小さいときでは意味が異なるとした。機械設備の導入によって労働投入量がどれだけ節約されるか、といった資本と労働が入れかわる程度の大きさに注目した。すなわち、それが1・0より大きいときだけ$r>g$が成立し、1・0より小さいときにはそれが成立しないと、数式の展開によって証明した。

ローソンの展開が正しければ、もし現実の経済においてσが1・0より小さいときには、資本の格差拡大は発生しない可能性がある。多くの生産関数の推定という経済の実証分析の結果によると、σは1・0に近い値にあるとわかっている。したがって、ローソンの批判はピケティの主張を否定するまでには至っていない。ただし、このことはローソンの理論分析までを否定するものではなく、彼は正しい分析を行ったと評価したい。

マルクス学派からの疑問は、伊藤「『21世紀の資本』論と『資本論』」(2014年)を筆頭にして、多くの論者から指摘されている。これらからの共通の疑問は次のようにまとめられる。ピケティのCapital(資本)はむしろAsset(資産)とみなした方がよいというものである。したがって、ピケティの統計分析はマルクスの定義する資本(Capital)とは異なると理解すべきとする。

残念ながら筆者はマルクス経済学に疎い。ちなみにピケティもマルクスの『資本論』を読んでいないと述べている。筆者にはマルクスのCapitalとピケティのCapitalがどう異なるかを記すことができない。マルクス経済学者は、マルクス流のCapital(資本)の概念を用いてピケティ流の分析が可能かどうか、さらにその結果が異なるかどうかを検証してほしい、と述べておこう。

3 『資本とイデオロギー』――政治が経済に与える影響

格差を生んだ歴史

２０１３年に『21世紀の資本』という経済書を出版して世界に格差問題で大きな警告を発したピケティであったが、６年後の２０１９年に『資本とイデオロギー』という歴史書、政治書を出版した。日本語版も２０２３年に出版されたが、今度も１０００ページを超す大著である。しかも経済学のみならず、哲学、歴史学、政治学、社会学などの知識をある程度は必要とするので、読み通すのはそう容易ではない。逆に言えば、ピケティの博識ぶりに圧倒される書物である。

ここで本書を簡単に概説しておこう。一言で要約するなら、世の中に格差を生んだ歴史を古代から現代までたどり、かつその歴史を生んだ思想なり政治の役割を明らかにする。ピケティはそれをイデオロギーという言葉で象徴させる。最後に、ピケティが理想とする社会・経済の体制を主張するものである。

世界の歴史から格差を見る

歴史に関して述べれば次のようになる。前近代社会の奴隷制度を簡単に述べてから、第2章で少し述べた中世ヨーロッパにおける「三層社会」を詳しく論じる。聖職者宗教階級、貴族戦士階級、平民労働階級の誕生と存在を明らかにして、前二者が支配階級、後者が被支配階級という身分社会を論じる。

この頃あたりから、土地を保有する者とその人から土地を借りて農業に励む人という農業における主従関係が明確になる。これが、資本主義社会における資本家（経営者）と労働者の主従関係の前兆となる。やがて家内工業の世界から、16〜17世紀に工場を持つ資本家の世界に入り、資本家に雇用される労働者が誕生する。イギリスにはじまる18〜19世紀の産業革命を契機にして、資本家と労働者の区分が一層明確になり、資本主義の社会に入った。

この間にヨーロッパは王国と帝国の権力が強くなって、大航海時代を経てから植民地主義の時代に入るが、ピケティはこの時代のこともかなり詳しく論じる。世間や学界の関心はヨーロッパの人びとが主として移った南北アメリカ大陸での植民地政策とその後の独立運動にあるが、ピケティはインドと東アジア（特に中国）に向けている。ピケティの真意は、学問の関心がヨーロッパとアメリカ大陸に向けられてきたことに不満があり、アジアやアフリカで発生した歴史的事実にも注目すべきとした。それによってはじめて人類史は完成するとの信念が、こうしたインドや中国の歴史を取り上げた動機であろう。

筆者もその動機には賛同するが、日本からすると学問や科学はどうしてもヨーロッパが最先端の地域だったので、まずはヨーロッパの文化、歴史、学問を学ぶことが最初になる、という宿命を背負わされていた、という思いも抱かざるを得ない。

ハイパー資本主義

ジョン・ロックの私有財産権の提唱に呼応して、イギリスを筆頭にしたヨーロッパでは、資本主義社会が繁栄することになった。思想的には経済における自由主義が勢いを持つことになり、これが当時のイデオロギーの根幹になる。本書でも、フランソワ・ケネーやアダム・スミスの経済自由主義を論じた。

ピケティは資本主義もイデオロギーの一つとして詳しく論じるが、本書でも論じたのでここではピケティのそれを論じることはしない。しかし興味の持てる点は、21世紀になってからの資本主義を、〝ハイパー資本主義〟と命名したことにある。コンピューター技術の開発に成功した国や、石油や天然資源を豊富に持つ国が豊かになった結果、新しい資本主義がグローバル経済のなかで進展した事実が論じられている。

さらに、中国においては共産党員のトップの政治家が、国有企業の経営者として天下って新しい資本家になったことや、ロシアにおけるオリガルヒなどが論じられている。オリガルヒとは、ソヴィエト連邦の崩壊後に資本主義化して生まれた、表面上は民主化された企業の所有者になった新しい経営者の一群である。これら中国、ロシアにおける大富豪の実態については後章で紹介する。

共産主義と社会民主主義

資本主義の発展は労働者を弱い立場に追いやり、搾取された労働者を救済するために、社会主義思想が登場したことは本書でも論じた。当然のことながらピケティも『資本とイデオロギー』で社会主義を論じるが、ピケティの関心は一党独裁の共産主義と社会民主主義の相違に向けられる。

共産主義は旧ロシアや中国を念頭に置けばよいが、社会民主主義は北欧では政権担当の時期が長いし、大陸ヨーロッパでもドイツなどで政権担当の時期がかなりある。民主的な選挙によって選出された政権であり、政党は資本主義の下でありながらも労働者の権利を尊重する政策を採用する。例えば、社会保障制度の重視、最低賃金制の尊重、労働組合の発言を尊重、累進所得税制への賛意、一部産業の国有化策、などさまざまな政策を実施してきた。これらの政策はヨーロッパにおける社民党政権時に成功したのであり、所得格差の縮小に貢献してきたことは、歴史の証明するところである。

しかし社民党政権の政策は経済の弱体化を生んだこともあり、国民は社民党よりも自由主義政党を選択して、経済の強化を望んだこともある。この政権の交替劇はイギリスにおいて典型的に見られた。保守党と労働党の政権交替である。もっとも有名な例は保守党のサッチャー政権の誕生であり、弱かったイギリス経済は国営企業の民営化、規制緩和、競争促進、福祉削減といった自由主義的経済政策を推進して、復活に成功した。ドイツ、フランスなどもこれに似た政権交替を経験している。

ドイツに関してピケティは、企業（特に大企業）において労働者が企業の株式を保有して、取締役会に参加して経営権を行使する制度、彼が参加型社会（民主）主義と呼ぶ制度を好んでいると記している。いわゆる労使の共同決定方式を好ましいとしている。経済が強く、福祉が進んで格差の大きくないドイツが、理想型に映るピケティの気持ちは理解できる。

政治が国民生活に影響を及ぼす

社民型と自由経済派（国によっては保守派と呼んでもよい）の対立の話題に戻ろう。ここでピケティは二つの興味深い話題を提供した。第一は、自国フランスにおける政権の交替が、経済政策の変化をもたらす例を示した。誇張すれば、政治におけるイデオロギーの変化（資産税の変遷）が国民生活に変化を与えたのである。

１９８１年に誕生した社会党政権のミッテラン大統領は、富裕税（ＩＧＦ）を導入して高額資産保有者に資産税を課した。しかし、１９８６年に保守派の首相として登場したシラクはこれを廃止した。この時の政権は大統領が社会党のミッテラン、首相が保守派のシラクという保革共存政権の時代であったが、なぜか保守派の意向が政策を主導したのである。１９８８年に再選されたミッテラン社会党大統領は再び富裕税（ＩＳＦ：連帯富裕税）を導入した。２０１７年になると中道の大統領・マクロンが就任したが、またまた富裕税を廃止した。しかしマクロンは、２０１８年に不動産富裕税（ＩＦＩ）を導入している。

この政権の変遷によって、租税政策がかなり頻繁に変えられた歴史がわかる。資産分配の形状を変えるので、国民生活への影響は大きいということになる。政権を誰が、どの政党が担当するかは国民の意思で決まるのであるから、国民の意向（イデオロギーとしてもよい）によって政策の変更が見られるのである。

第二の例は、アメリカにおけるトランプ大統領の誕生で示される。もともと保守党政権（アメリカでは共和党）は教育水準の高い高所得者層の支持が多かった。一方の民主党支持者は教育水準の低い工場労働者などの低所得者層と高学歴のインテリ層の並存であった。

ところがトランプは民主党政治のインテリによるエリート主義を徹底的に批判し、低学歴の工場労働者の支持を集めるのに成功した。トランプは移民導入に反対して、仕事を失う可能性のあるアメリカ人の支持も得たのである。この成功は政治学の世界ではポピュリズムの台頭とみなされている。なおヨーロッパでもポピュリズムは一定の支持を得ている。結果としてトランプは伝統的な共和党支持者も集めて、大統領選挙に勝利したのである。トランプの政治はアメリカの社会、経済に劇的な変化をもたらした。トランプによる一期目は終了して、バイデンの民主党が政権を握ったので、ある程度の修正はその後になされた。2024年11月の大統領選挙は、再びトランプとバイデンの争いになりそうである。どちらが勝利するかはアメリカの社会、そして国際問題に大きな影響がありそうだ。

フランスとアメリカの政治の世界での変化が、国民の生活水準の変化に大きな影響を与えたのがわかる。まさにイデオロギー（ここでは政治とみなしてよい）が経済に与える効果は大きいのである。

第6章　ピケティ以降の格差論

1 世界の所得分配

経済的不平等のプロジェクト

前章で述べたように、ピケティは『21世紀の資本』によって資本主義国における所得格差の拡大、あるいは高所得者が所得を増やすことによる経済的不平等の拡大を主張した。その後、ピケティにつづくフランス人を中心にして、世界の所得分配に関する研究プロジェクトが開始された。それがフランスに本拠を置く「世界不平等研究所」によるものである。

このプロジェクトは、ピケティをはじめF・アルヴァレド、L・シャンセル、E・サエズ、G・ズックマンによる人びとからなる。このプロジェクトは社会主義国や発展途上国を含めた世界各国の統計データを集めて、所得分配、経済的不平等の分析を行う。サエズとズックマンはアメリカの所得分配、税制の分析を行っていることで知られており、後に詳しく吟味する。

世界の所得分配の現状を示す前に、分析手法に関して重要な指摘が二つある。

第一は、そもそもフランスの経済学の伝統は、拙著『フランス経済学史教養講義』（2

021年）でも述べたように数理経済学に優れた伝統がある。ノーベル経済学賞を受賞したフランス人の4人のうち、3人は数理経済学者である。この伝統のなかで、ピケティを中心に所得分配の実証分析を世界的視野の下で行うようになったのは、新しい動きにあると考えてよい。この傾向が今後も続いて、所得分配をはじめ経済の実証分析で花が咲くのか期待を抱かせる。

第二に、WID.world（世界不平等研究所）の研究成果は、いくつかの推定手法も用いるが、一つの統計分析手法をどの国においても用いている。それは所得分配の上位何％の順位にいる人の所得額が、国民全員の所得総額（国民所得と考えてよい）に占める比率はどれくらいかという指標を用いる。主として上位1％や10％という高所得者に注目するので、高所得者の現状から格差、不平等の程度を知ろうとする目的にある。第1章で述べたように、格差、不平等を表現できる統計手法、指標にはいろいろなものがある。そういう状況のなかでも、ピケティ・グループのプロジェクトがこの比率を用いるのには次の動機がある。

まず、世界の多くの国を分析するのであるから、一つの指標に限定した方が比較を単純明快に行えるメリットがある。数多くのいろいろな指標を用いると、比較が複雑になることは確実である。

さらに、ピケティを筆頭にしてフランス人の経済学者は、格差や不平等を単刀直入に理解するには、高額所得者の実情（すなわち高額所得者はどれだけ高い所得を得ているのか）を知るのが、とても有意義との信念がありそうだ。筆者は、その国の貧困者の現状を知ることも重要な視点と考えるが、ここではフランス人経済学者の思いに従う。

不平等度の高い地域

図6－1は、世界の地域別に所得分配の現状を、上位10％にいる高所得者の総所得比率で示している。当然のことながら％シェアの高い数字ほど、高所得者が高所得を得ていることを意味する。すなわち分配の不平等が高いので、より深刻である。

まずもっとも不平等度の高い地域は61％の中東である。石油業でとても高い収入を得る人がいるし、少数の王族、軍事指導者、地主などが同様にとても高い所得を稼いでいる。反対にその逆はヨーロッパで37％の低さである。第5章において、ヨーロッパ諸国の所得格差は拡大中であると示したが、絶対水準で他地域と比較して評価すれば、ヨーロッパはまだ平等な地域なのである。これはヨーロッパが民主制の先進国であることにより、他地域よりも平等志向が残っているからである。

他の地域や国に注目すると、第2位のインド、ブラジルが55％、第4位のサハラ以南のアフリカが54％、第5位の北アメリカが47％、第6位のロシアが46％、第7位の中国が41

図6-1 上位10%の所得が国民所得に占める割合
（世界の地域別、2016年）

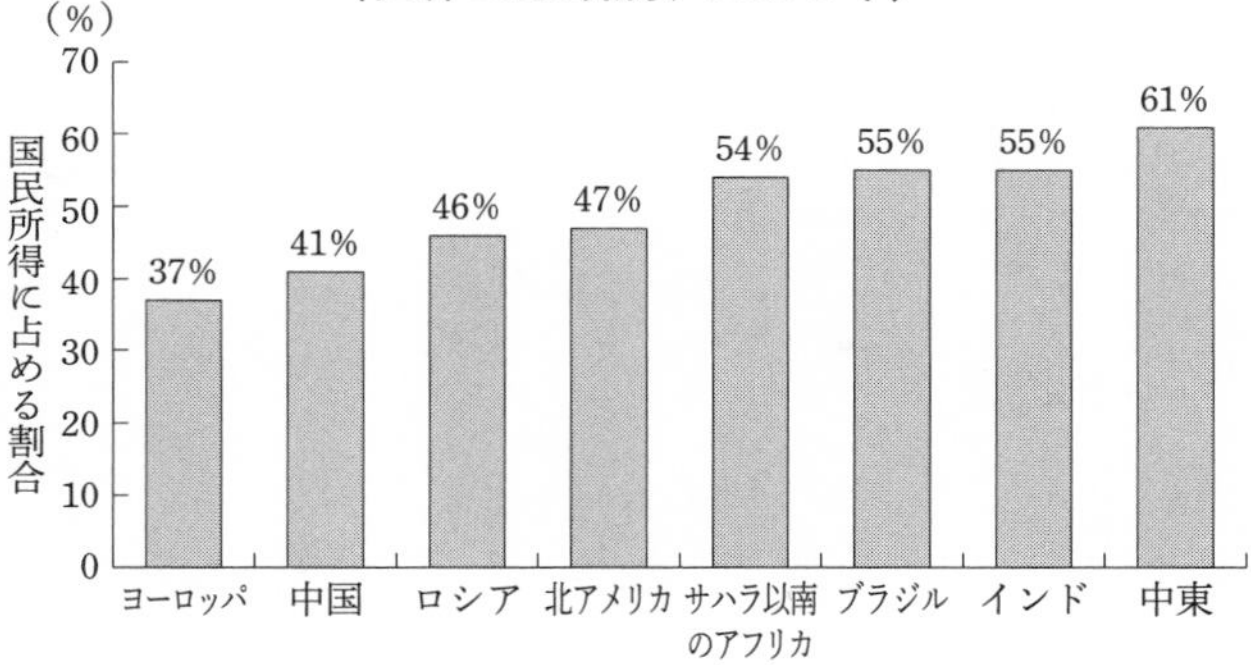

出所：アルヴァレド、シャンセル、ピケティ、サエズ、ズックマン編（2018）『世界不平等レポート 2018』みすず書房、3頁
WID.world (2017). データは wir2018.wid.world を参照

%となる。中国、ロシア、アメリカ、インドについては後に詳しく検討する。ここでは中進国、あるいは発展途上国では高所得者の所得はかなり高い傾向があると述べておこう。残念ながら日本の数字はここにはないが、前章で紹介した図5－5によって上位1%の数字が示されている。日本は他の先進国よりかは最高所得の人の所得比率はやや低かった。

所得格差の大きい共産主義国――中国

隣国であり、かつ現在世界第2位の経済大国である中国をまず知ることにしよう。言うまでもなく中国は一党独裁の共産主義国であるが、経済の実態は資本主義的な運営の下、経済成長率は、つい最近まで年平均で10%前後の高さを誇っていたというユニークな高成

図6-2 中国における階層別の所得のシェア（1978-2015年）

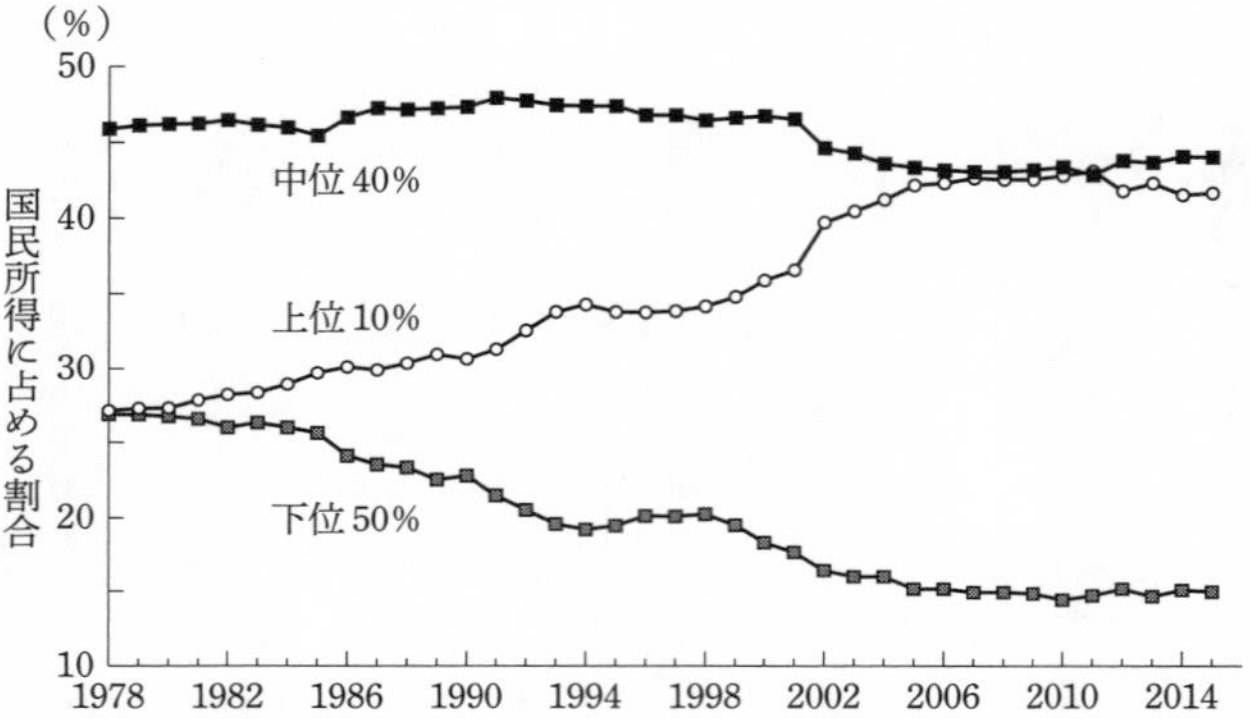

出所：前掲『世界不平等レポート 2018』103頁
Piketty, Yang and Zucman (2017) "Capital Accumulation, Private Property and Rising Inequality in China, 1978–2015". データは wir2018.wid.world を参照

長国である。

図6－2は、中国の階層別の所得シェアの変化を示したものである。上位10％だけでなく、中位40％、下位50％が占める比率も同時に示してある。時系列で中国を見ると新しい顔が見えてくる。

まず上位10％に注目すると、1978年の27％からコンスタントに上昇して、2010年には43％の高い数字に達した。その後ほんの少し低下して、2015年には41％であった。この変遷の意味するところは、中国の高所得者の所得額が急激に高くなったのである。これは共産党幹部から国営企業（後には民営化された企業もある）に天下った経営者と、一部には起業に成功した経営者の高い報酬の反映である。

一方で、下位50％の比率は1978年の27％から逆にコンスタントに下降して15％前後にまで低下した。上位10％と下位50％が27％で同値ということは、上位10％の人口は下位50％の人口の5分の1であった。しかし、この約40年間で所得の下位50％と上位10％のシェアの間には大きな差が生まれたので、上位10％の人の平均所得は下位50％の人の平均所得よりもはるかに高い所得を得るようになったのである。

上位10％の比率が急上昇し、逆に下位50％の比率が急下降したことは、下位にいる人の所得は上昇せず、低下した可能性すらあることを意味する。これら上位の人と下位の人の動向をまとめると、この期間に中国の所得格差は大幅に拡大したことを意味する。共産国でありながら、所得格差が大きくなりつつある中国という現実は、我々に興味ある事実、すなわち実際の経済は資本主義的に運営されているとの解釈を支持することになる。

ところで中位40％にいる人の比率は45％前後でほぼ一定水準で推移しているが、これは中間の所得を得ている人の動向なので、上位と下位の人と異なってさほど変化なし、という当然の帰結となる。

こうして中国の所得分配は、現在ではかなり不平等性が高いということになる。それを別の統計指標を用いて確認しておこう。表6－1はジニ係数で不平等度を示したものである。これは中国の国家統計局の公表データによるもので、単純明快に所得分配の不平等度がわかる。
1990年代後半は0・38〜0・39であったが、21世紀に入るとそれが0・4を超え、ピークは2008年の0・49にまで達した。その後やや低下した。これらジニ係数が0・4より高い値を持つのは、他の資本主義国でもめったにない高い数値であり、中国の所得分配は非常に不平等性が高い国となる。ちなみに資本主義国のなかで最高値に近いジニ係数を持つアメリカとほぼ同じ数字であり、同じ資本主義国である日本のそれよりかは高い数値の不平等性である。

表6-1 ジニ係数で見た中国の所得分配不平等度

年度	ジニ係数
1995	0.39
1998	0.38
2001	0.40
2004	0.44
2008	0.49
2015	0.46
2019	0.47

出所：中国国家統計局

最後に、中国の所得分配の不平等に関して、重要な視点があるのでそれを簡単に述べておこう。それは都市部と農村部の所得格差である。WID.worldによると、1978年には都市部の平均収入は農村部の2・0倍であったが、2015年ではそれが3・5倍に拡大した。これは相当に大きな都市部と農村部の間の所得格差である。しかしこれは中国全体の所得格差の大きさを説明する最大の要因ではなく、都市部内と農村部内のそれぞれにおいてとても大きな格差の存在が影響していると報告されている。

図6-3 ロシアと西ヨーロッパにおける成人１人当たりの平均国民所得（1980-2016年）

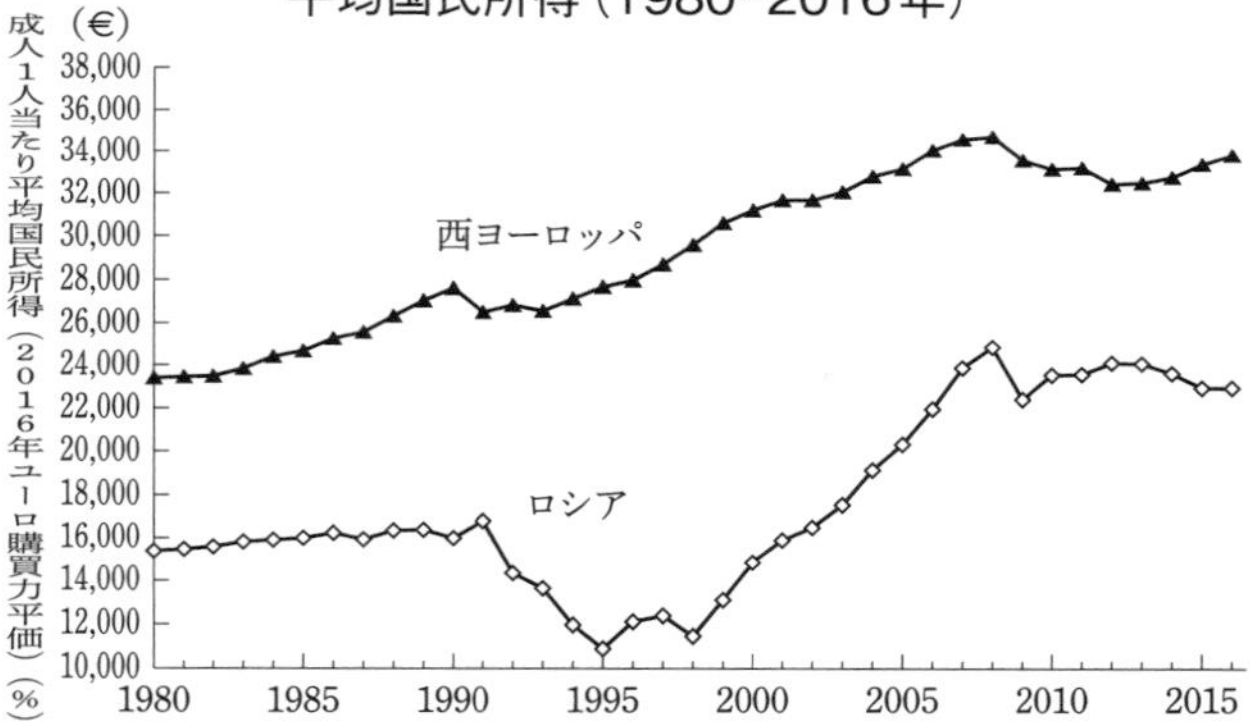

出所：前掲『世界不平等レポート 2018』109頁
Novokmet, Piketty and Zucman (2017) “From Soviets to Oligarchs: Inequality and Property in Russia 1905–2016”. データは wir2018.wid.world を参照

資本主義の正と負――ロシア

１９８９年の共産主義体制から資本主義体制への移行、そしてその後の１～２年かけてのソヴィエト連邦の解体は、ロシアの社会と経済に激しい変化をもたらした。本書では経済への関心が高いので、ロシア経済がどう変化したかを確認しておこう。図６－３は過去35年間のロシアと西ヨーロッパの成人一人当たりの平均国民所得の動向を示したものである。

この図から次のことがわかる。第一に、１９９０年前後における政治の混乱は、確実に経済に悪い影響を与えた。経済成長率はマイナスに転じたし、所得は４年の間に１万６０００ユーロから１万２０００ユーロに下落し、じつに4分の3にまで落ち込んだ。ロシア国民の生活水準が大きく下落したことが明らかである。

ところが、第二に21世紀に入る直前から経済成長率はかなりの高さに達した。ロシアの成長のスピードが西ヨーロッパのそれよりも高かったのである。これは移行経済後の経済運営が、以前の計画経済の時代よりも高い経済効率性を示し、高い経済成果を生むことができたのである。これは資本主義、あるいは市場経済のメリットを生かせたと解釈できる。

第三に、ヨーロッパとの比較をしたとき、現代でもロシアの経済はヨーロッパの経済よりもかなり遅れているのが明らかである。多いときで1万5000ユーロほどの国民所得の差、少ないときで8000ユーロほどの差で、国民の経済的な豊かさではかなりの差である。

ロシアといえば、最初に月の軟着陸に成功した科学大国、世界でもっとも多い数の核兵器を保有する軍事大国、米ソの対立で象徴されたような政治大国(今は米中対立の時代であるが)といったイメージがあるが、経済に関してはまだそう豊かな国ではないということになる。皮肉を言えば、ロシアは経済の裏付けがないところに、政治と軍事の面で背伸びをしていた国なのか、と言えなくもない。

ここで主要関心事である所得格差の問題に踏みこもう。図6-4は、中国と同様に、上

図6-4　ロシアにおける階層別の所得のシェア（1905-2015年）

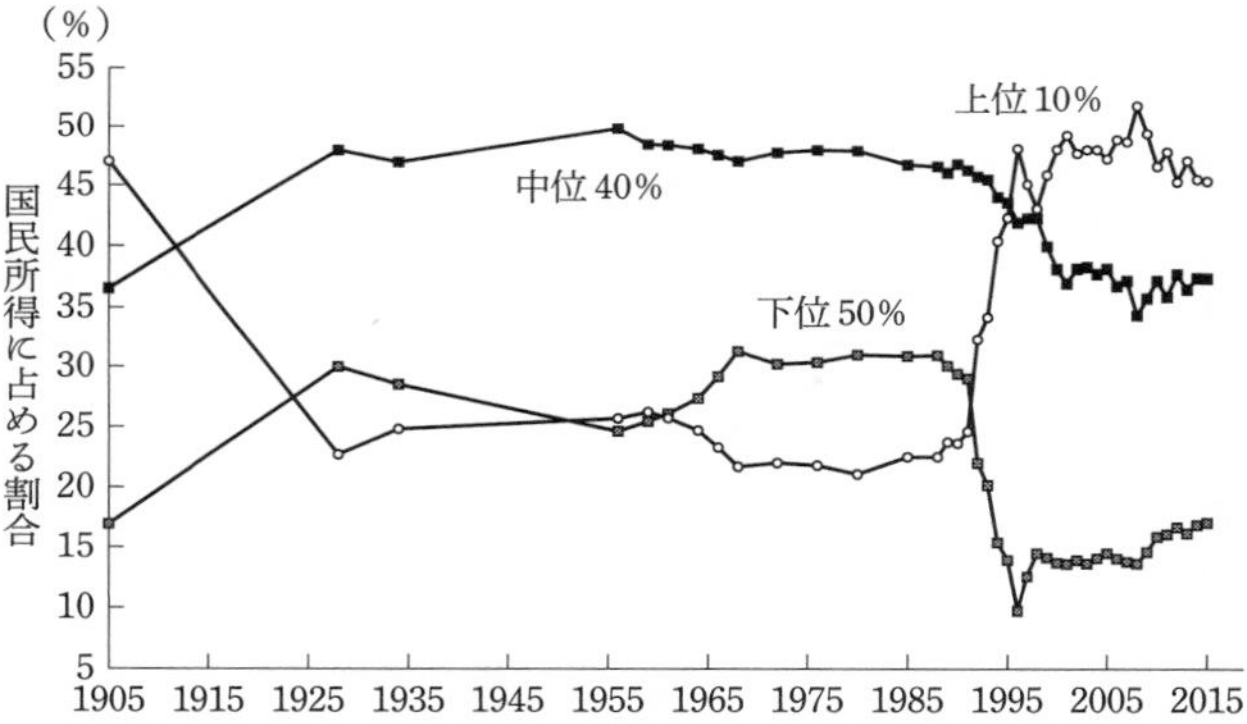

出所：前掲『世界不平等レポート 2018』115頁
Novokmet, Piketty and Zucman (2017) "From Soviets to Oligarchs: Inequality and Property in Russia 1905–2016". データは wir2018.wid.world を参照

位10%、中位40%、下位50%の人びとの所得が、国民全員の総所得に占めるシェアを示したものである。

この図から得られる見識をまとめてみよう。第一に、上位10%という高所得者の比率は、とても大きな変動を示している。まずロシア革命以前の時代（1905年）では、比率が45〜50%に達していて最高所得者の所得額はとても高かった。これは少数の皇帝や貴族、大土地所有者、企業経営者の所得の高かったことの反映であった。

ところが1917年のロシア革命により、社会・経済体制は大きな変革を経験した。すなわち、独立自営農民の増加、国営企業における平等主義の浸透、決して恵まれたものではないが福祉制度の導入などがあって、非常に高い所得を受ける人の所得が低下したし、その数も減少した。

その逆のことが下位50％の人に発生した。先ほど高所得者に関して述べた要因が、逆の方向に作用して、とても低い所得で生活に苦しんでいた農民、工場労働者、高齢者の所得がやや増加して、これらの人の所得シェアが増加した。なお中国でもそうであったが、中位40％の人のシェアはほぼコンスタントであった。

ところが、第二に１９８９年の移行経済への転換により、所得格差は大きく拡大した。すなわち、上位10％の人のシェアが急上昇した。国営企業のトップが民営企業のトップになり、その所得が急激にアップしたのである。逆に下位50％の人のシェアが急低下した。市場経済への移行により、資本主義経済の正と負の側面が出現したのである。

すなわち、経営者の経営能力の高さが企業の経営実績の決め手になるので、経営者はとても高い報酬を受領するし、中間管理職にも高い賃金を払うが、生産性の低い労働者には低い賃金を払うようになった。これは企業人の所得格差を拡大する有力な理由となる。

社会主義から市場主義へ――インド

インドというと、ゼロを発見したということからも、数学に強い人が多いという印象を抱く人も多いだろう。ＩＴ革命の先駆者だし、アメリカにおけるシリコンヴァレーの牽引者はインド人である。一部のアフリカの国では経済の中心をインド人が担っていて、次世代の経済大国はインドということもよく耳にするであろう。一方で、イギリス植民地の遺産は正と負の意味で大きい。カースト制度の影響が大きいことも指摘される。

インド経済を簡単に振り返っておこう。独立後のネルーをはじめガンディー首相（ネルーの娘）は、基本的に社会主義的な経済運営を行った。すなわち多くの産業の国有化、規制強化、所得税の累進性導入などによって、平等主義が強かった。

しかし１９８０年代に入ると規制緩和政策や貿易自由化政策を導入し、市場経済主義的な制度への変更の時期に入った。これは経済を強くするのに貢献したが、逆に所得格差の拡大に貢献するようになった。現代のインド経済はまだ豊かな国であるとはいえないが、経済成長率は高いので、将来は人口がとても多いのが手伝って、経済大国になりそうである。ついでながら、ＢＲＩＣＳ（ブラジル、ロシア、インド、中国、南アフリカ。２０２４年から10ヵ国に）は中進国の代表であり、将来は経済大国になるかもしれないグループであった。

所得格差の変遷を図６－５で見てみよう。上位１％と下位50％の所得シェアで示されている。１９８０年頃までは上位１％のシェアは15％弱の低位の水準で推移したのであり、社会主義的な経済制度の効果が強かったことで説明できる。

１９８０年代から現代までは、その比率は急上昇を示し、現代では20％強にまで達して

図6-5 インドにおける上位1%と下位50%の所得の国民所得に占める割合(1951-2014年)

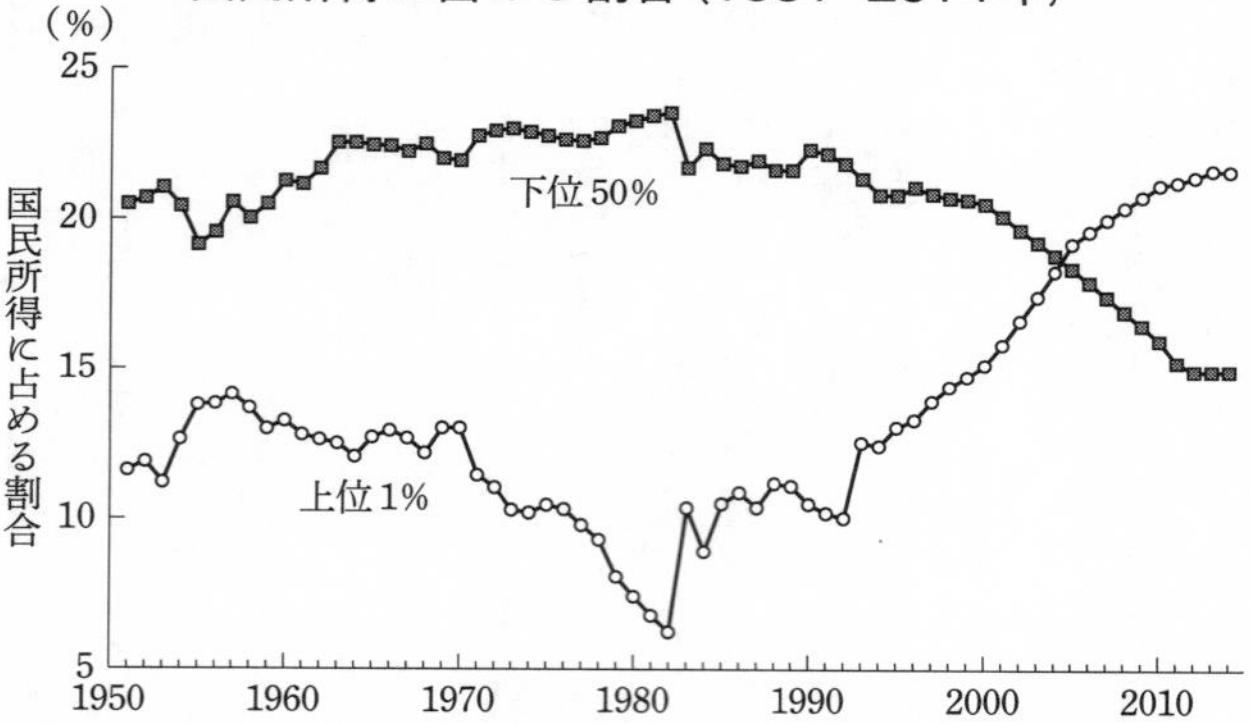

出所：前掲『世界不平等レポート 2018』121頁
Chancel and Piketty (2017) “Indian Income Inequality, 1922–2014: From British Raj to Billionaire Raj?”. データは wir2018.wid.world を参照

いる。一方で下位50%の比率はやや低下の傾向を示した。これは市場主義的、あるいは資本主義的な経済運営がもたらした結果と判断してよい。

資産／所得比率

ピケティの『21世紀の資本』では、K／Yとして資本／所得比率が資本主義国間で比較されたが、WID.worldではK／Yが財産／所得比率として各国の統計が示されている。それが図6－6である。第5章においてマルクス経済学からの批判として、ピケティはKを資本ではなく、資産と呼ぶべきだ、という指摘があった。WID.worldではその批判を意識してか、財産という言葉が用いられている。翻訳の問題と想像でき

図6-6 富裕国の純民間財産の純国民所得比（1970-2016年）

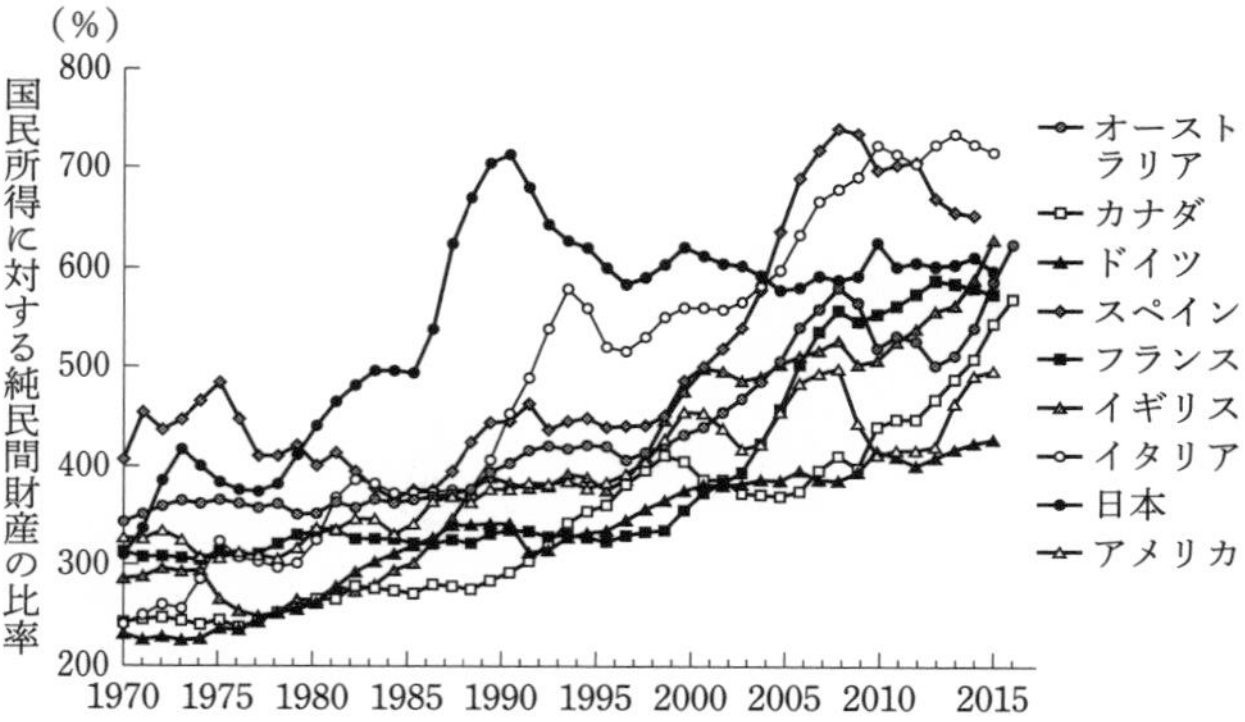

出所：前掲『世界不平等レポート 2018』154頁
WID.world (2017). データは wir2018.wid.world を参照

るので、財産と資産はほぼ同義と理解し、ここからは資産という言葉を用いる。

この図を解釈しておこう。１９７０年ではほとんどの国で資産／所得比率が２００〜３５０％であったが、その後は国によって変化率がかなり異なっている。特に日本が１９９０年度で７００％を超すまでに急上昇したし、スペインも２００７年前後に７００％を超したのである。

この両国は土地や株式という資産価格が急騰するという、いわばバブルの時期があった（日本は１９８５〜１９８９年、スペインは２００５年あたり）ので、これらの時期は異様に資産／所得比率が高くなった。最後の時期（２０１５年あたり）のイタリアも日本とスペインと同じ現象を呈している。

日本に関しては、民間資産と公的資産の比較表もWID.worldは示しているが、圧倒的に民間資産の額の方が大きい数字である（本書ではそれを示していない）。日本のバブルでは土地と株式の資産価格が急騰したのであるから、民間資産の効果が作用したと理解してよい。当然のことながらバブルは崩壊するので、その後は元の数字に戻った。

ところで、日本、スペイン、イタリア以外の国々では、すべての国の資産／所得比率は低い率の似たような数値で上昇したことがこの図でわかるので、正常な動きをしたと解せる。

年収1000万以上は5％——日本の高所得者

WID.worldでは日本の高所得・高資産保有者の記述がないので、やや付録的であるが、ここで日本に関する情報を記しておこう。

まず年収1000万円以上の高収入を得ている人の割合は、国税庁の『民間給与実態統計調査』によるとおよそ5％前後であり、2500万円以上となると0・3％である。これらの額は極端な高所得ではないし、勤労所得に関するものなので、それほど興味深いことではない。むしろ関心は極端に高い所得・資産の持主である。ところが日本ではこれらの人への関心は高くないのか、それほど多くの研究はない。

表6-2 高額納税者に関する職業別分布（%）

	企業家	経営幹部	医師	弁護士	芸能人	スポーツ選手	その他	全体
東京以外	33.3	13.9	23.4	0.3	0.3	1.1	27.7	100.0
東京	28.9	7.6	1.4	0.6	3.1	0.5	57.9	100.0
全体	31.7	11.6	15.4	0.4	1.3	0.9	38.7	100.0

出所：橘木・森（2005）『日本のお金持ち研究』日本経済新聞社、9頁

自著を挙げて恐縮であるが、日本における高所得者の本格的研究は橘木・森『日本のお金持ち研究』（２００５年）がある。国税庁が『全国高額納税者名簿』を公表していたので、それに基づいてアンケート調査を実施したときの対象者を職業別に区分したものである。なおこの名簿はその後２００６年から出版されなくなったので、この分野の研究は困難になっている。どういう人が高所得者かといえば、納税額３０００万円以上の人が名簿に掲載されていたので、年所得がおよそ１億円以上の人とみなしてよい。

高所得者の職業

もっとも関心の持たれる話題は、誰（あるいはどの職業）が高所得を得ているかであろうから、表６－２によってそれを確認しよう。もっとも印象的なのは、企業家が31・7％で最大比率であることである。これは既存企業で出世して経営者になった人（ここでは経営幹部と称されている）ではなく、自己

で企業を創設して経営者になった人か、その後継家族である。これらの人の所得の大半は、企業経営者としての報酬ではなく、自己株保有による配当額の高さで示される。これらの企業は創業経営者で株式の大半が保有されるし、成長する企業の株価は急上昇するので、配当金とキャピタルゲインの額も急上昇するのは当然である。

日本で大金持ちになるには自己で企業を興してから、その企業を発展させるのに成功した人となるが、企業をゼロからたちあげ、それを成長させるにはたいへんな努力が必要だし、リスクを伴う仕事なので簡単に取り組めるキャリアではない。

第2位は医師である。医師といっても、勤務医はごく少数で、大半は開業医か病院長である。診療分野としては美容整形医、眼科医、整形外科医であって、内科、外科医は意外と多くない。現今の高校生の大学進学時における人気学部は医学部であるが、その要因の一つは医師の高収入にあるのは確実である。もう一つは医師免許さえあれば、職を失わない安定さにある。

第3位の比率は既存の企業で経営者に昇進した人（サラリーマン経営者と称してもよい）である。これはこれまでの実業界では成功者の証であったが、創業経営者ほどの高い所得を稼ぐことは不可能である。

その証拠として日本のトップの富裕者は誰であるか、保有資産額で示しておこう。『フォーブスジャパン』2023年版によると、1位：柳井正（ファーストリテイリング、4兆9700億円）、2位：滝崎武光（キーエンス、3兆1700億円）、3位：孫正義（ソフトバンク、2兆9400億円）、4位：佐治信忠（サントリーホールディングス、1兆4500億円）、5位：高原豪久《たかひさ》（ユニ・チャーム、1兆530億円）。全員が創業経営者かその子孫である。

第4位以下の職業は少数ながら芸能人やスポーツ選手であるが、皆の知る競争の激しい職業である。意外と少ないのは弁護士で、訴訟社会ではない日本を反映している。その他という人がかなりいるが、多くは引退者であって引退前に稼いだ人の継続である。さらに大土地所有者もその他に含まれるが、土地価格の下落によってこれらの人の所得額は減少の傾向にある。

超富裕層は9万世帯

以上、少し古いデータではあったが、誰が高所得者であるか、また最近の高資産保有者かを記述したが、次の関心は最近における富裕層の統計である。残念ながら職業はわからないが、保有金融資産の額と世帯数が野村総合研究所によって推計された。それが表6－3である。

この表を理解するには、日本の総世帯数は2020年現在でおよそ5580万世帯であることを知っておこう。まず資産額5億円以上の超富裕層は9・0万世帯なので比率は0・001 6％となり、1％にも満たないごく少数派である。世帯数がとても少ないので総資産額は105兆円となり、大きな額ではない。次のクラスは富裕層と称されるが、世帯数はおよそ140万世帯となり、社会での存在感も多少目立つものとなっている。

次のクラスは準富裕層とアッパーマス層と称されるが、双方は3000万円以上の資産額なのでかなり豊かな生活が保障されているとみなせる。

表6-3　階層別にみた金融資産額と世帯数（2021年）

超富裕層 （5億円以上）	105兆円 （9.0万世帯）
富裕層 （1億円以上5億円未満）	259兆円 （139.5万世帯）
準富裕層 （5000万円以上1億円未満）	258兆円 （325.4万世帯）
アッパーマス層 （3000万円以上5000万円未満）	332兆円 （726.3万世帯）
マス層 （3000万円未満）	678兆円 （4213.2万世帯）

出所：野村総合研究所

しかし両者を合わせても1000万世帯を少し超える世帯数なので、全世帯数の20％を少し下回る比率であり、豊かさを感じる人の割合は少数派にすぎない。

マス層に属する世帯の割合は多数派の4000万世帯を少し超える数字であり、資産額が3000万円未満なので安心な生活を保障するものではない。数年前に政府が国民に対して、「老後30年間で約2000万円が不足するので資産を蓄えて安心な生活を確保しよう」と提唱したことがあったが、その額は十分ではないと批判された。第1章で日本の家計では20〜30%の家計が資産ゼロと報告したが、このマス層に属する家計のかなりの割合の人はゼロ資産の世帯と解釈できる。

外国における超富裕者

以上が日本の超高所得・超高資産保有者の情報であったが、ここで関心が高く、かつ世界最高の大金持ちのいるアメリカの情報を述べておこう。これらは『フォーブス』誌面で公表されている。

じつは2023年度の世界第1位の億万長者は、アメリカ人ではなく、フランス人のベルナール・アルノーであった。彼の総資産額は2110億ドル（日本円でおよそ27兆8500億円。1ドル132円で換算）という想像を絶する巨額で、有名なブランド「ルイ・ヴィトン」のオーナーである。日本のトップ資産保有者である柳井正の4兆9700億円のおよそ5・6倍であり、世界の超富裕層の保有資産額はものすごい高額になっている。

第2位以下はアメリカ人である。第2位は南アフリカ育ちのアメリカ人で、「スペースX」「テスラ」のイーロン・マスクの1800億ドル（23兆7600億円）、第3位は「アマゾン」のジェフ・ベゾスで1140億ドル（15兆500億円）、第4位は「オラクル」のラリー・エリソンの１０７０億ドル（14兆１２００億円）、第5位は投資家のウォーレン・バフェットの１０６０億ドル（13兆９９００億円）である。

国別で大金持ちを調べると、資産額10億ドル以上の人が何人いるかに関しては、第１位はアメリカの７３５人、次いで第2位は中国の５６２人、第3位はインドの１６９人となっている。共産国の中国に大金持ちが大勢いるということは、中国の政治は共産主義、経済は資本主義であるとの解釈を可能にする。インドも新興の経済繁栄国であることの証拠となる。

世界にはこんなに巨額の所得・資産の保有者がいることがわかったが、こういう人びとはどのような消費行動をしているのか、ほとんどわかっていない。大豪邸に住んでいるだろうといったことや、豪華な衣服を身にまとい、美食に明け暮れたり、プライベート・ジェット機、数台の豪華車、広い土地や多額の金融資産だけでなく、いくつかの島々や別荘の保有をしているのではないかなど、想像だけはできる。なかには多額の寄付をする人もいるが、庶民感覚からすると、消費しきれないのではないかという見方もあろう。税金を高くして所得なり資産を減少させてよいとの意見もある。後の章で税金については詳しく検討する。

欠けている貧困者の分析

WID.worldは5人の研究者によって、世界の主要国の所得格差と資産格差の分析がなされたが、これだけ精緻な統計分析を多くの国に関して行ったことは、高く評価してよい。統計の収集と計算、そして分析と執筆はたいへんな作業であったと想像できる。背後には多くの研究助手の協力があったに違いない。基本的にはこの研究成果を前向きに評価するし、読者はこれによって多くを学ぶことができると確信する。

最後に、いくつかのコメントを述べておこう。第一に、ほとんどの統計分析の手法が、所得分布上で上位何％の地位にいる人の総所得についての、国民全員の総所得への比率（シェア）に終始している点が気になる。一つの指標に固執することで、国際比較が容易になるメリットは認めるが、他の指標をも用いることによって、分析の信頼性が増すし、他の視点に立脚して所得格差を解釈できるメリットがあるのではないか。そのために筆者は、ジニ係数や相対的貧困率を用いて国際比較を試みている。

第二に、所得分布上で上位10％の位置にいる人を中心にしている（時には上位1％、中位40％、下位50％をも用いているが）。これは分析者の関心が、高所得者の現状を知ることによって、格差社会を評価したいとの意思が強かったと想像できる。

しかし評者は、それだけでは不十分で、第1章でも強調したことであるが、低所得者あるいは貧困者の存在も所得格差、あるいは不平等を評価するにはとても重要と考える。特にWID.worldに関しては、下位50％の位置にいる人の数字しか考察していないのが気になる。すなわち、下位10％、あるいは下位1％の位置にいる人を無視しているのである。極貧者と中程度の貧困者、軽程度の貧困者の違いを不問にしているのが問題と考える。これらのことを考慮しながら分析するのはそれこそたいへんなことなので、簡単に分析できないことはよくわかる。これは、別の研究者たちが腰をすえてやらねばならないことであろう。

第三に、これはコメントというよりか感想になってしまうが、WID.worldに登場する国として、日本は資産／所得比率のところだけで、他の分野のところではまったく現れない。日本は除外されたと言っても、誇張ではない。ピケティの『21世紀の資本』では日本は考慮されたことを思えば残念である。ちなみにWID.worldで個別に分析された国は、アメリカ、フランス、ドイツ、中国、ロシア、インド、中東、ブラジル、南アフリカ、スペイン、イギリスである。

なぜ日本はこの新プロジェクトでは外されたのだろうか。日本の国際的地位が相対的に低下したこと、あるいは衰退の予想される国には興味がないこともあろう。あるいは日本を分析しても、興味を引く新しい知見が得られない、と考えたのかもしれない。中国、ロシア、インド、南アフリカなどを分析することは、中進国でこれからの発展も期待できるし、国際的な影響が強いので、皆の関心も高いだろうと予想したかもしれない。

2　税制と格差――財政政策の効果

ポスト・ピケティ――E・サエズとG・ズックマン

ポスト・ピケティの代表選手はサエズ（1972〜）とズックマン（1986〜）の二人である。ともにフランス人で、似た経歴を有する。すなわち、フランスのトップ校のエコール・ノルマル・シュペリウール（高等師範学校）を卒業している。ただしサエズはそのウルム校で学び、ズックマンはカシャン校で学んだ。サエズはアメリカのMITでPh.D.を、ズックマンはフランスのパリ経済学校でPh.D.を取得した。なお二人とも現在はカリフォルニア大学バークレー校の教授である。

ピケティの影響を受けた二人は所得分配の研究に従事した。ともに所得税、資産税の効果や節税、脱税の役割に関心があり、これら税制が持つ所得再分配効果の分析で業績を挙げた。共著で『つくられた格差』という書物（邦訳2020年）がある。二人に共通の名誉として、年齢が40歳以下の経済学者に授与されるアメリカでのJ・B・クラーク賞を異なる年度に受賞している。

フランス人ではないが、イギリス人のA・アトキンソン（1944〜2017年）はピケティをはじめピケティ以降の経済学者のみならず筆者の研究に深い影響力を与えている。彼らの師匠の地位にいる人でもあるので、ここで彼について一言述べておこう。

アトキンソンはケンブリッジ大学で教育を受けた後、大学ではエセックス大学、ロンドン・スクール・オブ・エコノミックス（LSE）、オックスフォード大学の教授であった。なおピケティは彼の博士号をLSEにおいて、アトキンソンの指導の下に受けている。アトキンソンはそれこそ所得分配論の大家であり、学界に与えた影響力には絶大なものがあった。さらに近接分野の社会保障、税制、不平等分析などにおいて一流の研究成果を挙げた。何度もノーベル賞の候補として名前が挙がったが、残念ながら受賞せずに亡くなった。

サエズとズックマンはフランス人でありながら職場がアメリカなので、アメリカの所得分配の研究に取り組んだ。特に租税政策が所得再分配に与える効果を実証分析して、明確な結果を得たので注目を浴びた。サエズとズックマンの『つくられた格差』を検討しておこう。

アメリカは所得税の累進度が高い国であった

所得税の累進制とは、所得の高い人に高い所得税率を課し、所得の低い人には低い所得税率を課す制度を意味するので、所得の高い人ほど税率は高くなる。さらに一定の所得（課税最低限所得と呼ぶ）以下しかない場合には課税しないが、これも累進制の性質とみなせる。

アメリカで最初に所得税に累進制が導入されたのは１９１７年頃であった。政府が戦争資金を得たい目的もあったが、成金で高所得を稼いでいる人への課税が目的であった。そして本格的な累進制を導入したのは、大恐慌を解決するのに貢献したケインジアンで、ニューディール政策で成功したルーズベルト大統領であった。所得税の最高限界税率を１９３６年には79％、１９４０年には81％にした。こんなに高い税率は今のアメリカでは考えられないが、当時は国民の間ではルーズベルト大統領の平等主義への支持は相当に強く、所得格差の縮小を図ることには社会のコンセンサスがあった。

戦後になってからのアイゼンハワー大統領（在任は１９５３〜１９６１年）の下では、富裕層への平均税率は55％であった。図６－７では１９１３年から現代までの平均税率を最富裕層（上位０・１％）と貧困層（下位90％）の双方で示したものである。ルーズベルト大統領の時代は、税率が最高と最低間で大きく差があったし、アイゼンハワーの時代から現代へとその差が縮小したことがわかる。

図6-7 アイゼンハワー政権下の富裕層の平均税率は55%（所得階層の上位0.1%と下位90%の平均税率）

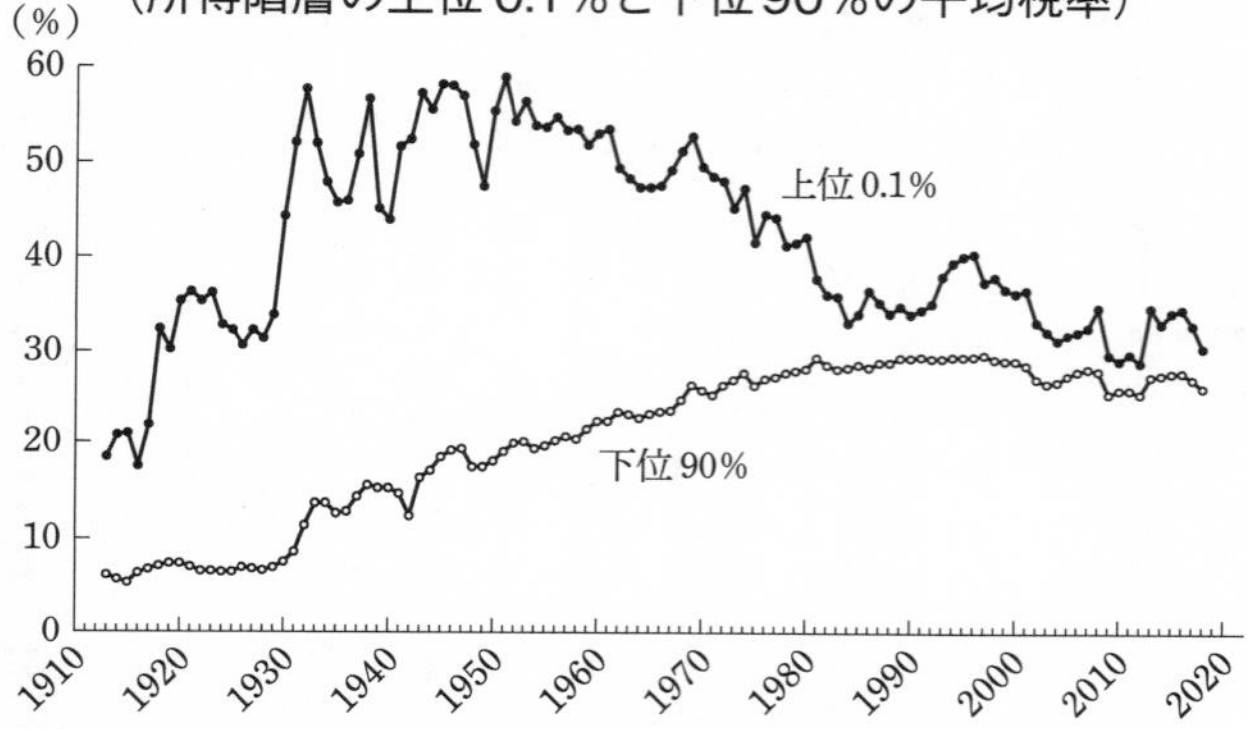

出所：サエズ、ズックマン（2020）『つくられた格差』光文社、76頁
データの詳細についてはtaxjusticenow.orgを参照

その縮小策（つまり所得税の累進度の緩和策）を採用したのがレーガン大統領（在任は1981〜1989年）であった。その動機を二つ挙げるとすれば、第一に、税金の高いことに国民が（特に高所得者を中心にして）不満を抱いていた。第二に、労働供給にマイナスだし勤労意欲を削ぐとみなしたからである。結局レーガンは所得税の最高税率を28％にまで下げた。なお所得税の累進制の是非については後に詳しく検討する。

ところでレーガン大統領は企業を強くするために、法人税の減税も試みた。なおレーガンによる一連の改革は、イギリスのサッチャー首相による①規制緩和、②競争促進、③福祉削減という経済活性化策の導入に沿うものである。いわゆるレーガン・サッチャー路線による新自由主義的な発想で、弱くなった英米経済の回復策の一環である。日本の中曽根・小泉首相もこの路線の信奉者であった。

中曽根首相の実施した政策のうち、もっとも目立つのは公営企業の民営化策であった。すなわち国鉄をＪＲの７社に、電電公社をＮＴＴに（１９９９年には3社に）、専売公社をＪＴの民営会社にしたことであった。さらに日本航空の完全民営化も実行した。

小泉首相の最大の仕事は郵政三事業（郵便、貯金、保険）を民営化して分割したことである。さらに、種々の規制緩和や競争促進の政策を導入した。

図６－７をもう一度見ていただきたい。レーガン大統領の時代以降、高所得者と低所得者の所得税率差は縮小の傾向を続け、最近に至っては両者の税率においてはほとんど差がない状態になっている。これは所得税の累進性がほぼ消滅して、所得の高低とは関係なく一定税率の税制の時代になっていることを意味している。

横行する租税回避行動

ところでレーガン大統領の時代の税制度において新しい動きのあったことがサエズ、ズックマンの『つくられた格差』で詳しく書かれている。そこではアメリカの国民と企業双方で租税回避策が広く用いられるようになったことが強調されている。税金を払いたくなく、極論すれば「税金は悪である」とみなす新自由主義による小さな政府主義者によって、さまざまな手段を用いて税負担額を減らす方法が考えられるようになった。こういう人からするとそれは脱税行為ではなく、合法的な節税行為という意見となる。租税回避策を前面に押し出して、コンサルティング等を行う租税回避産業が横行するようになった。

レーガン時代にポピュラーな租税回避策は「タックス・シェルター」と呼ばれるものであった。これは納税者が所得税申告の計算をするときに、いかなる所得についても事業損失を計上して、控除の対象にできるというものである。そのために損失を出しそうな会社への投資を行って、意図的に損失を計上する策である。

この「タックス・シェルター」を実現する主体として、普通の企業とは異なるパートナーシップが存在した。パートナーシップが損失を出すと、それに出資していたパートナーはその損失を所得控除できる。そのため、所得税の額が大きく減少するので租税回避行動となる。パートナーシップのなかにはダミー企業もあって、帳簿だけで損失を計上することもあり、悪質な租税回避につながった。

高所得者がこのパートナーシップを利用したので、政府による所得税収額の減収が大きくなり、アメリカ政府が巨額の財政赤字に悩む一つの原因となったので、レーガン政権は所得税率を下げるという案を交換条件にして、１９８６年に「タックス・シェルター」を禁止したのである。

現代における租税回避がサエズ、ズックマンの『つくられた格差』で紹介されている。同書では、フェイスブック（現メタ）を創設したザッカーバーグを紹介している。彼は自社株の20％を保有しているが、2018年に同社が200億ドルの利益を得たので、彼は200億ドルの20％という40億ドルの所得を受け取った。しかしフェイスブックは配当を支払っていないので、この40億ドルはまったく個人所得税の課税対象にならないのである。

他にもいろいろな手段による租税回避行動があるが、ここでは租税回避行動がアメリカで横行しているという事実を知るのが目的なので、これ以上詳しくは言及しない。

超富裕者たちの脱税率

脱税行動は租税回避行動よりもはるかに悪質であるが、アメリカの超高所得者がこれにコミットしていることはよく知られている。例えばトランプ前大統領が、2016年に払った所得税は750ドル（約8万円）にすぎなかったし、ほとんどの年では所得税がゼロであった、とアメリカのメディアで報告された。一族が経営している企業が損失を計上したし、多額の減価償却費を計上して所得控除できたので、所得税を回避できたとしている。これが法的に許された租税回避行動なのか、あるいは脱税行動なのか、筆者には裏の裏ま

図6-8 富裕層になると増える脱税の割合（税引前所得階層ごとの本来納付すべき税額に対する脱税額の割合）

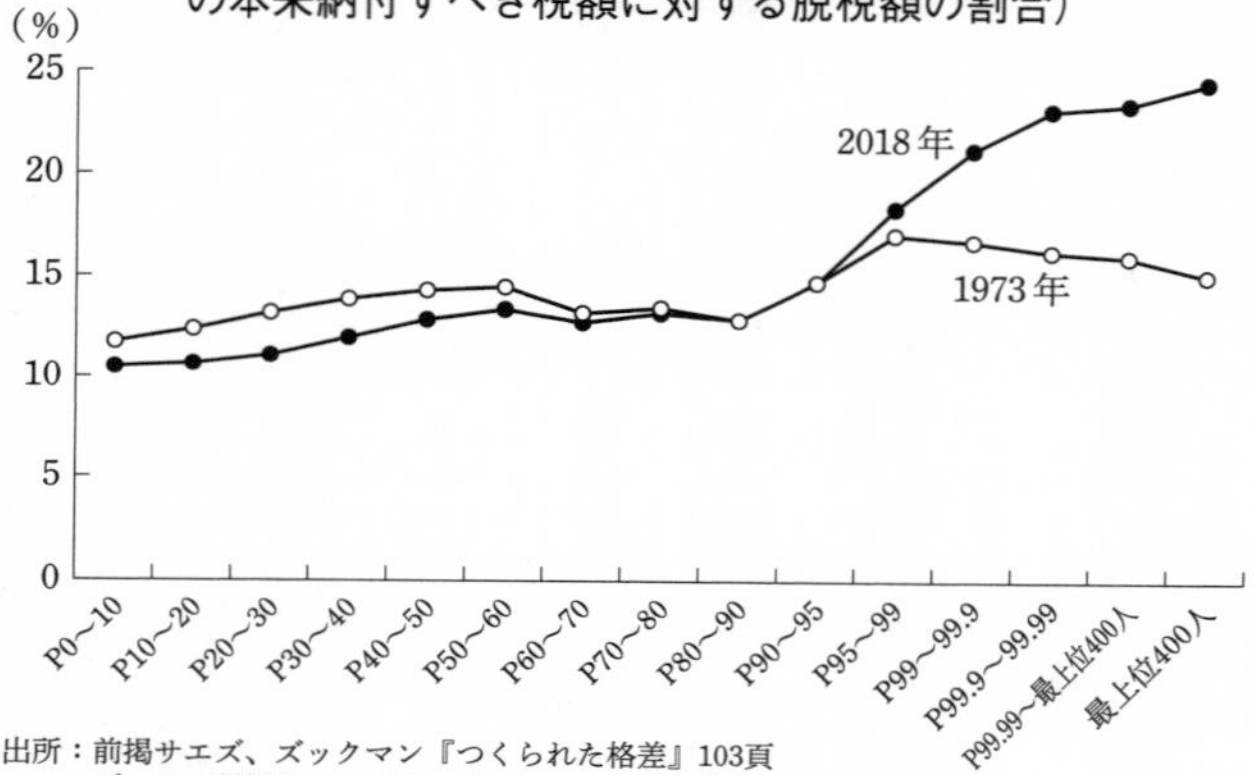

出所：前掲サエズ、ズックマン『つくられた格差』103頁
データの詳細についてはtaxjusticenow.orgを参照

でわからないので判断できない。

脱税についての有名な例は２０１６年に日本でも報道された「パナマ文書」であり、カリブ海のペーパーカンパニーを利用している人の名前が登場した。世界中の大富豪の名前のなかには、日本人の名前もあった。

カリブ海の諸国にはタックスヘイブン（租税回避地）と呼ばれる国が多くあり、アメリカ人を筆頭に世界中の大富豪がこういうところに自己資産を移している。これらの国の金融機関では税金を払う必要がないか、税率が低いので世界中から資金が集まるのである。

こういう活動は個人の大富豪のみならず、多国籍企業も税金を節約するために、資金をこれらタックスヘイブンに移している現象が見られる。じつはカリブ海諸国のみならず、スイス、シンガポール、香港などもタックスヘイブンの国とみられている。

図6－8はアメリカにおける所得階層別に脱税者の存在比率を示したものである。1973年と2018年の比較ができるので、脱税者がどう変化したかがわかる。この図によると、所得上位10％以下にいる人びとの脱税率は、両年ともに10～15％の範囲にいるので、時代による変化はない。

しかし上位5％ほどの超富裕層になると、所得額が増加するにつれて急激に脱税者の割合が上昇する。しかも1973年と2018年を比較すると、脱税率はかなり上昇している。特に最上位400人に関しては、25％もの高脱税率であり、これがアメリカ社会の特色となっている。

逆進性が強いアメリカの所得税制

最後に、2018年の所得階級別の実効税率（連邦税と州税、地方税の合計）を見ておこう。図6－9で示されている実効税率とは、実際に支払った税額に対する課税前所得額の比率を示すものである。アメリカは個人の税務データと所得額のデータが利用可能なので、このような計算ができるが、日本は税務当局が個人の税の情報を公開していないので、この種の計算は不可能である。

図6-9 アメリカの税制——最富裕層のみ逆進的な均等税（所得階層ごとの平均税率、2018年）

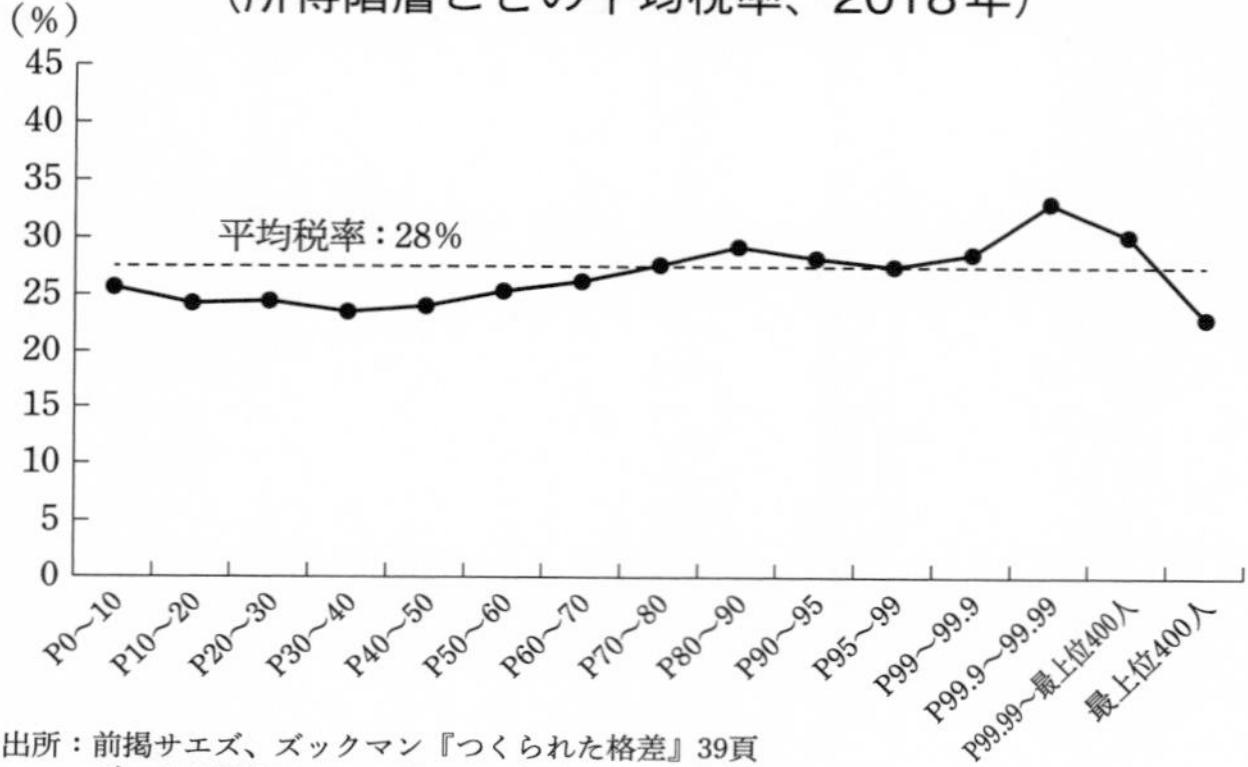

出所：前掲サエズ、ズックマン『つくられた格差』39頁
データの詳細については taxjusticenow.org を参照

この図を検討する前に、連邦所得税法上での所得階級別の税率を知っておこう。これは2022年のもので、税法上で記された税率なので、人びとが実際に払う税金額と所得額の比率ではない。実際に支払う税金に関しては、これまで述べてきたようにさまざまな方法による節税策、あるいは脱税策がアメリカでは利用されているため、税法上の税率と実効税率は異なるので注意されたい。

連邦所得税率は所得の低い人から高い人へと、10％、12％、22％、24％、32％、35％、37％となっているので、アメリカの所得税制は税法上ではゆるやかな累進税制になっている。アメリカでも高所得者ほど高い税を支払うべしとの名目上の精神が生きている。

ところが、である。図の、実際に税を支払

っている額に注目すると、下位（つまり99％の人）から上位1％ほどまでの人についてはほぼ28％の一定の実効税率なので累進制はほぼ消滅して、比例税制に近い状態にある。もっと興味深いことは、最上位400人の非常に所得の高い人に関しては、実効税率は5％ほど低下している。これは逆に脱税率が大富豪において急上昇することを意味する。

人間誰でも税金を払うのは嫌であるが、高所得になる人ほど税額が増加するので、できればそれを減少させたいと願う。高所得者ほど資金が豊富なので、税の専門家やコンサルタントを雇ってアドバイスを得て、合法的な節税策は当然として、非合法的な脱税策にコミットするのである。

アメリカの所得税制は、大富豪になるにしたがって逆進性の性格が強くなる。本来期待される累進性は税法上ではそれが多少は確保されているが、大富豪に関しては実効税率上はそれが消滅して、逆進性の国になっている。

資本課税の強化とタックスヘイブン対策

ピケティの後継者たちは、アメリカの大富豪が期待されるほどの所得税を払っていない事実を阻止するために、次のように提言する。これは税法上の改革と、脱税阻止の双方を含む。箇条書で示す。

①資本所得（利子、配当、キャピタルゲイン、家賃など）への名目の課税率を上げる。労働所得と同じほどの税率の高さにすべし、という具体策となる。

②富裕税を課すようにする。金融資産と実物資産の双方に課し、累進制を導入するのが望ましい。ヨーロッパの一部の国ではすでに導入されている。

③租税回避や脱税をアドバイスする金融や税制の専門家である企業や個人の監視を強め、かつ規制を導入する。

④タックスヘイブンに依存している個人や組織による税扱いに関する不正をなくす。タックスヘイブンの存在を認めている国と、それらの国に資産を送っている国との間の国際協調が必要である。

⑤多国籍企業やペーパーカンパニーの監視と規制をしっかり行えるようにする。これに関しても国際協調が必要で、特に租税回避と脱税の温床にならないようにする。

上に述べた点を二つに要約すると次のようになろうか。①資本課税の強化、②タックスヘイブンをなくすための国際協調が必要。これらに対する筆者のコメントを記しておこう。

第一の点については、これまでは資本課税率を低くすることによって、資本蓄積を促進して将来の経済成長率を上げるというのが目的であった。これは経済効率優先の策といってよい。しかしこの策は資本（資産）を多く持つ高所得者・高資産保有者に有利であり、これらの人の所得をますます高めるので、不公平であるとみなせる。

これは次の章で議論する「効率性と公平性のトレードオフ問題」と関係がある。公平性を重視するなら、資本所得と労働所得への同等の課税が期待されるが、効率性が重視されるなら、資本への課税が労働への課税より弱くなってもかまわないとなる。

第二に関しては、租税を公平に運営するには、タックスヘイブンやペーパーカンパニーをなくすことになる。それには国際協調の取り決めによってすべての国がそれに従わねばならない。国際協調というのは、言葉は美しいが、現実には困難なことである。世界各国のすべてが一つのルールに従うような政策決定と実施は困難である。なぜなら、一つの国でも抜けがけするところがあればこの策は効力を失うし、現代の国際情勢の不安定性を見れば国際協調は不可能である。その国に犠牲が及ぶかもしれないが、資産を移出する国での国内規制に頼るしかない。

第7章　経済成長か、公平性か

1　効率性と公平性のトレードオフ

格差社会はなぜ好ましくないか

貧困者、高所得者と低所得者間の格差、高所得・高資産保有者の三者を総括して、格差と経済学について論じてきた。

格差問題に強い関心を持っている人であれば、所得格差の大きい社会は避けた方がよいと考えるだろう。では、なぜ格差社会は好ましくないのか、その理由を考えてみよう。

第一に、貧富の差の大きいことは、低所得者（特に貧困者）の数が多いことと、生活水準（貧困ライン）以下の所得しかない人が存在することを意味する。第1章では、日本は貧困大国であると主張した。

人間として生まれて、日常生活ができない、特に衣食住が十分にまかなえないというのは、日本国憲法を持ち出すまでもなく、非人道的な状態である。日本国憲法は「すべて国民は、健康で文化的な最低限度の生活を営む権利を有する」と宣言している。貧困者を世界から排除するのは社会の義務である。

第二に、一方で格差社会では少なからず高所得者、高資産保有者が存在する。一部の国では想像外の高い所得（年収何十億円、何百億円）や資産（何兆円にも達する）を保有する人がいる。こういう人びとは並外れた才能を有し、かつ努力を重ねた人であるし、経営者であれば数多くの労働者を雇っているので、社会への貢献も大きいとして、問題はないという意見はある。

ここではこの意見には反対しないが、一部の人のとても高い所得には問題がある。ヴェブレン『有閑階級の理論』の主張に待つまでもなく、こういう人の消費額は巨額に達しているし、派手な消費は他人への虚栄を張るため、あるいは自己満足のための、非人間的な行為として批判された。一昔前のアメリカではこの意見に賛成する人は多かったが、今ではむしろ自分で稼いだお金を何に使おうが自由だ、との意見はある。しかしヴェブレンの思想はまだ捨て去るべきではない。

このことに関係する話として、高額消費は世界中の資源の枯渇につながるのが問題であると述べたい。石油、鉄鉱石、水、森林などの天然資源を使い尽くす勢いのなかに世界は今あり、特にこうした傾向は贅沢な消費に起因していると考えられる。

資源の枯渇問題に加えて、環境への悪い効果がある。人間の贅沢な消費活動と活発な生産活動は、大量の汚染水、煤煙、排気ガス（特に自動車）などをばらまいており、環境問題は深刻となっている。

分断と不安定を助長

第三に、格差社会では犯罪率の高いことが問題となる。世界の国を見渡したとき、貧富の差の大きい国では殺人、傷害、窃盗、詐欺などの犯罪の多いことは確認されている。よく知られるのはアメリカ、ブラジル、南アフリカなどの諸国であり、すべて格差社会の国であるとともに犯罪率も高い。

もとより犯罪の発生は格差の存在のみならず、社会にストレスが見られる程度、銃刀等の利用可能性などにも依存するので、犯罪数の予測は容易ではない。日本の格差社会はアメリカほど深刻ではないが、無視できない状況にあり、犯罪率の増加は予想しておいた方がよい。

第四に、貧富の格差があれば、各家庭における各種の支出額に大きな差が出る。子どもの教育費、家族員の医療・介護費などにおいてそうである。特に教育費の支出格差が子どもの教育達成に大きな違いを生むことは、日本の教育費が高いことと政府の教育費支出額の低いことによって、よく知られている。すなわち、教育の機会均等が保障されておらず、低(高)所得者の子どもは低(高)い教育を受けることとなる。これは社会移動のないことを意味し、親の教育・職業・所得の低（高）い人の子どもも、低（高）い教育・職業・所得を引き継ぐ社会となる。このような閉鎖社会は好ましくないので、親の所得格差は大きくないのがよい。

第五に、格差社会では、社会が分断されていると多くの人が認識する。すなわち、豊かな人と貧乏な人、上流階級と下流階級、高級住宅地域と庶民らの住宅地域、などが分断の中身である。現代の日本がどれだけ分断しているかを正確に知るには、詳細な分析を必要とするが、徐々に分断が深刻になりつつあると判断している。

例えばアメリカでは、住居がゲーテッドコミュニティ（住民以外の人の出入りを制限する高級住宅地）と、ゲットーと称される大都市のマイノリティ居住地域の存在がある。

そうすると、それぞれのグループ内の交流だけになり、社会が分断されておれば、相手を憎む感情が高まるので、異なるグループ間の意思疎通は希薄になる。国民の間の連帯感は弱くなり、何かを決めるにも対立が目立って、社会の進歩は停滞する。

特に深刻なのは政治の不安定さを増長する可能性が高いことである。発展途上国においては、貧困階級が軍部と結託してクーデターを起こすことがあり、軍人の独裁者が政権を担当して圧政を行うことが見られる。アジアではミャンマーがそうであり、南米やアフリカではいくつかの国がこれを経験している。さすがに先進国ではクーデターまでには至らないが、政治の不安定さを見せることがある。格差大国のアメリカでは、民主党と共和党の対立は誇張すれば高所得者と低所得者の対立の反映であり、連邦議会議事堂の襲撃事件といった政治事件を引き起こしている。

経済成長はなぜ好ましいか

次節で格差が小さい（すなわち平等性）と経済成長率が高い（すなわち経済効率性）のトレードオフを議論するが、その前になぜ経済成長が好ましいかを簡単に記しておこう。

まずもっとも重要な理由は自明のことであるが、人びとの生活水準、あるいは暮らし向きを高めることができる点にある。人間の本能として、より豊かな生活、より楽な生活がしたいというのがあり、経済成長があれば人びとの収入も増えるので、その願望は達成できる。ただし、経済成長の成果を格差社会の上にいる人（すなわち高所得者）がほとんどを持っていってしまう社会になっておれば、このメリットは期待できない。

次に、経済成長は社会の組織、運営がうまく進行し、かつ人びとも勤労意欲を高く持って働かないと達成できない。これらがうまく機能すれば、人びとの満足感が高まり、ますますそれを助長させたいと思うので、社会は安定するし、人びとの向上心も高いという好ましい社会環境につながる。

さらに成長経済にいると家計の所得と企業の収益は増加する。そうすると政府の税収入が増えるのは確実である。政府の税収が増えると公共支出の財源に余裕ができて、教育、社会保障、公共事業などに中央政府と地方政府が支出できる額が増えて、国民はそのサービスをますます受ける程度が高まる。人びとの安心感を高めることができるし、生活が豊かになるのも確実である。

安心ある生活とは、警察、消防、国防、災害予防などの分野においてさまざまなリスクに対応した措置が用意されることでもあるので、人びとがそのサービスを受ける可能性が高まる。それのみならず、年金制度の充実は老後生活の安心につながるし、病院や介護施設の充実があれば、いざという時の治療や介護がスムーズに受けられる確率を高める。

公的教育支出の増加は、教育設備の増加と改良や優れた教員数の増加をもたらすので、一人当たりの生徒、学生の受ける教育の質が高まる。生徒や学生たちの稼得能力を高めるし、有能な労働者として育ったら国の経済を強くするのにも役立つ。

企業もベネフィットを受ける。例えば、道路、鉄道、飛行場、港湾などの公共施設の充実は、日頃のビジネス活動でこれらの施設を利用する企業にとって、その活動をスムーズに実行できるようになる。

しかしここで述べたこととは、必ずしも国民、企業の全員がそのサービスの必要性を認めているのではない。「小さな政府」を好む国民や企業が相当数いるので、こういう公共支出を削減すべしとの意見は相当に根強い。国民・企業の間で葛藤があるとした方が好ましい。

以上のように、経済成長は好ましいが、二点だけ大きなマイナスがある。それは経済活動が活発になると、資源を大量に使用するので、地球の資源枯渇に悪影響だし、環境問題を深刻にする。これに配慮しながらの最適な経済成長が望まれる。

これに関しておよそ50年ほど前に、ローマクラブが『成長の限界』という報告書を出版して、成長への警鐘を鳴らした。この精神には今まで一定の支持がある。

もう一つは、経済成長は人びとが一生懸命働くことを要求するので、働きすぎになる可能性がある。これはゆとりのある生活を望む人にとっては障壁となる。

2　成長と分配のトレードオフ

所得分配を平等にすれば経済成長は低くなるか

トレードオフとは一方を立てれば、もう一方は犠牲になるという性質を意味する。したがって、所得分配を平等（不平等）にすれば経済成長率は低く（高く）なるか、という問題意識となる。いろいろな側面からこの命題を検討してみよう。

分配の平等を図るために、高所得者に高い所得税を課すと、そういう人が勤労意欲を失う可能性があり、高成長に寄与している人の貢献を減らす可能性がある。これは低成長をもたらすことになる。

これから述べることが、これについてのもっともらしい経済学的な理由である。一般に高所得者の方が低所得者よりも貯蓄率が高い。低所得者には貯蓄する余裕がない、とした方が正しい。そうすると高所得者の数を増やすとか、その人びとの所得額をもっと増やしたりすると、貯蓄率（あるいは貯蓄額）はますます高くなって、資本蓄積は進み、これは高い成長率につながる。所得分配の不平等性は高い成長率を生む可能性を秘めていることになる。一方の低所得者層の貯蓄率は低いままなので、経済成長の世界とは無縁なのである。

経済成長を重視する経済の専門家はこの事実を是として、成長策の一つとして金融・資本市場の自由化や、資本課税の軽減策を提言する。これらの政策は第6章で見たように、成長（あるいは経済効率性）を重視するアメリカで採用されてきた。

このアメリカの現状は、第6章で主張したように、アメリカにおける資産分配を過度に不平等にした（すなわち大富裕層の資産保有額を増やした）効果を生んだので、筆者の好みとするところではない。

カルドアの所得分配論

このトレードオフ関係を経済学として証明した研究（理論と実証）があるので、その代表例を簡単に紹介しておこう。

まずは理論的研究である。それはニコラス・カルドア（1908〜1986年、ハンガリー生まれのイギリスの経済学者）による所得分配論（1955年）による。カルドアは社会には資本家と労働者という二種類の人がいると単純化して、資本家の方が労働者よりも高い貯蓄率を有すると考えた。これは先ほど述べた高所得者と低所得者という二つの区分を特殊にしたものと考えてよい。

カルドアは資本家がより資本蓄積に貢献するので、資本家により多く分配することで、経済成長率がさらに高まると分析した。これは所得分配の不平等が経済成長により貢献するという思想につながった。

クズネッツの「逆U字カーブ」

実証研究はサイモン・クズネッツ（1901〜1985年、ロシア生まれのアメリカの経済学者）によって1955年に提出され、「逆U字カーブ」と呼ばれる事実を提供した。クズネッツは第二次世界大戦後のしばらくの期間に関して、アメリカといくつかのヨーロッパ諸国の国民所得データを分析して、次の結果を得た。産業発展の初期の頃から本格的な経済成長の時代に入ると、所得分配の不平等度は増大する。ところが経済成長率が最高点に達すると、不平等度は低下の道に進むと示した。

クズネッツの論理は次の通りである。なぜ経済成長が不平等を加速させるかは、一部の高資産保有者や有能な人が経済に大きく貢献するので、それらの人の所得がかなり高くなるからである。しかし経済成長がある程度の高い域に達すると、これまで所得の低かった人が資産を持つようになって、その人たちの所得がやや増える。しかもそれらの人のなかには生産性が高くなる人もいるので、それらの人の所得も高くなる。結果として所得分配の不平等度は低下に向かうのである。

どちらが労働生産性を高めるのか

次の関心は所得格差と労働との関係である。特に労働者の勤労意欲や労働生産性の効果の吟味を行ってみる。換言すれば、所得格差の存在は労働生産性とどう関係しているかである。

高所得者と低所得者の間で具体的に労働生産性にどれだけの差があるかは、研究成果の欠如もあってよくわからないが、確実にその差は存在しているだろう。なぜなら差があるからこそ、賃金を中心にした所得に差が生じていると考えるのが自然であるからだ。

ではの高所得者の生産性を上げるのか、それとも低所得者の生産性を上げるのか、どちらが全労働生産性（平均労働生産性と考えてよい）を高めるかを考えてみよう。これに対する回答は、高生産性の人の貢献分が低生産性の人の貢献分より大きいであろうから、高所得者の数を増やしたり、高所得者の所得額をさらに高くする政策が、より有効ではないかと考えられる。この政策は格差社会をますます助長する案に等しくなる。したがって、労働者の平均生産性を高めるには（すなわちこれは経済成長率を高めるのに役立つ）、所得格差は大きくてかまわないということになる。

大企業や中央都市部の成長は波及するか

経済成長を称賛する有力な理由の一つとして、経済成長には格差社会を解消するメリットがある、とする思想がある。この説を検討してみよう。

所得格差を生む要因として日本では次の二つがある。①大企業と中小企業の間の格差（例えば賃金差や生産性）が大きい。②中央と地方の格差が大きい。もしこれらのうち、上部にいる大企業や中央都市部がまず高成長を達成して潤うことができれば、その果実はいずれ中小企業や地方にも波及する。そうすると大企業と中小企業の間の格差や、中央と地方の間の格差（賃金や所得）は縮小するのである。これは「トリクルダウン理論」と呼ばれている。

この「トリクルダウン理論」に頼らなくとも、政府や企業が大企業と中小企業の間の格差、あるいは中央と地方の間の格差の縮小を重要な政策目標として挙げて、さまざまな政策を実施すれば成功するかもしれない。

ここで「トリクルダウン理論」を検討してみよう。ここでは中央にある大企業（例えば日本であればトヨタ自動車を考えればわかりやすい）を想定してみよう。本社工場の自動車生産と販売が増えれば（すなわち成長する）、本社工場に部品を提供している下請け企業や孫請け企業（これらの大半は中小企業である）の生産量は増えるし、系列販売会社の販売量も潤うであろう。じつは自動車産業のみならず、日本の産業組織はこの親会社・子会社の関係で特徴づけられるので、日本で「トリクルダウン理論」が成立しているだろうと想定できる。当然のことながら、系列関係にない大企業と中小企業の間でもここで述べた波及効果の発生する可能性があり、これも「トリクルダウン理論」の一種と考えてよい。

中央と地方の関係についても同様なことが起きるだろうと想定できる。トヨタを例にすれば本社工場は名古屋圏という中央であるが、子会社は名古屋圏にもあるが多くは地方圏にあるので、同じメカニズムが作用すると考えてよい。優位にある指導的な中央の企業が潤えば、劣位にある地方の企業もいずれ潤うだろうと想定する。

トリクルダウンが成立しない理由

ところが、である。この「トリクルダウン理論」が実際の経済ではなかなか成立していない、というのが筆者の見解であるし、学界においても大勢はそう考えている。その根拠をいくつか述べておこう。

第一に、中央の大企業で生産・販売が伸びて、それが地方の中小企業にも波及しようとしたときに、いろいろな予期せぬ要因（例えば政府の政策の変更や外国経済状況の変化など）によって、波及効果の停止することがたびたびある。すなわち景気後退の兆候（すなわち経済成長率の鈍化）が見られて、中小企業や地方経済が潤う前に経済活動が萎《しぼ》んでしまう可能性がある。

そうすると「トリクルダウン理論」の期待するところの大企業と中小企業の間の格差、中央と地方の間の格差の縮小がストップしてしまう。

第二に、大企業が傘下の中小企業から部品、半製品を購入するとき、その購入価格を買いたたいて、期待される高い価格で購入しないことが多い。これは親企業の力が強く、下請け企業は親企業のいう低い価格に従わざるをえないという力関係の差による。これは日本の企業組織の歴史的伝統となっている。政府もこれを是正しようとして法律をつくったり、行政指導を行っているがなかなか成功していない。この慣行が続くかぎり、下請けの中小企業が潤う余地は小さくなり、「トリクルダウン理論」の働く可能性は低くならざるをえない。

第三に、あくまで一般論としてであり、例外も当然存在するが、日本の大企業は設備投資能力、経営能力の高さなどにおいて中小企業よりも優れている。したがってさまざまな対策、あるいは「トリクルダウン理論」に期待する点などがあったとしても、宿命的な格差が両者の間にはあるので、そもそも格差の縮小を図るのは無理だ、という意見がある。同じことは中央と地方の間の格差にも当てはまる。中央には大企業が多く、中小企業は地方に多いことに加えて、中央には豊富な資本と労働者が集まり、地方は必ずしもそうでないとなると、宿命的な中央と地方の格差の是正は容易ではない。

第四に、経済学のいう「一人勝ちの理論」(英語は Winner-take-all model) の適用が可能である。もともとは最初に技術開発や芸能活動に成功した人物、ないし企業が成果分を全部獲得してしまう、という理論である。これは「トリクルダウン理論」が起こりえない理由の一つになりうる。

成功しなかった中国の「先富論」

資本主義国である日本において「トリクルダウン理論」は成立しない可能性が高いが、中央集権国で一党独裁にある政府の命令で多くのことを達成できる共産主義国においてはどうだろうか。これは以前の章でも述べたことであるが、中国の鄧小平が「先富論」を唱えて、改革路線として「トリクルダウン理論」に似た思想を中国で実践可能と考えた。先に豊かになれる人を豊かにさせておけば、自然と弱い人も豊かになるし、豊かな人びとが弱い人を助ける政策を採用すればよい、というものである。

中国の現状はすでに述べたように、豊かになった者はとてつもなく高い所得・資産を得ており、貧しい者の所得はとても低く、貧富の格差は資本主義国の日本やアメリカ以上である。中央と地方の間の格差が非常に大きいのも中国である。鄧小平の期待した「先富論」は強制的に政策の実行できる共産主義国でも成功しなかったのであるから、資本主義国の日本ならば、なおさら「トリクルダウン理論」は成立が困難である。

じつはアメリカをはじめヨーロッパ諸国においても「トリクルダウン理論」がうまく機能して、所得格差は縮小するのではないか、という期待があった。しかし現実にはこれの成功した国はほとんどない、というのが現状である。

市場経済の任せる未来に、先に高所得になった者に続いて低所得者も豊かになる策はうまく進まない。しかし代替案はある。それは高所得者・資産保有者から高い税金を徴収して、それを低所得者に再分配する政策の実行である。これは政府による半強制的な政策と解せるが、その可能性を次に検討しておこう。

3　税の累進制度強化と格差是正

99年頃に下げられた最高税率

所得税の累進度を強化すれば、所得格差（課税後所得）の縮小に貢献するのは確実である。高所得者から高い税金を徴収するので、誰にでもわかることである。所得税の累進度を計るには、実効税率の方法と名目税率の方法があるが、日本ではアメリカと異なって所得と税の個票データが利用不可能なので、残念ながら名目税率に頼らざるをえない。

図７－１は所得税率の変遷を示したものである。この図からわかることをまとめてみよう。第一に、１９８６年という40年弱前においては、最高課税所得の人への最高税率は70％の高さであった。一方で最低税率は10・５％であり、最高税率と最低税率の間には細かい階層と税率（15段階）の分解がある。一昔前においては、高い所得の人は高い所得税を払

図7-1 所得税率の変遷

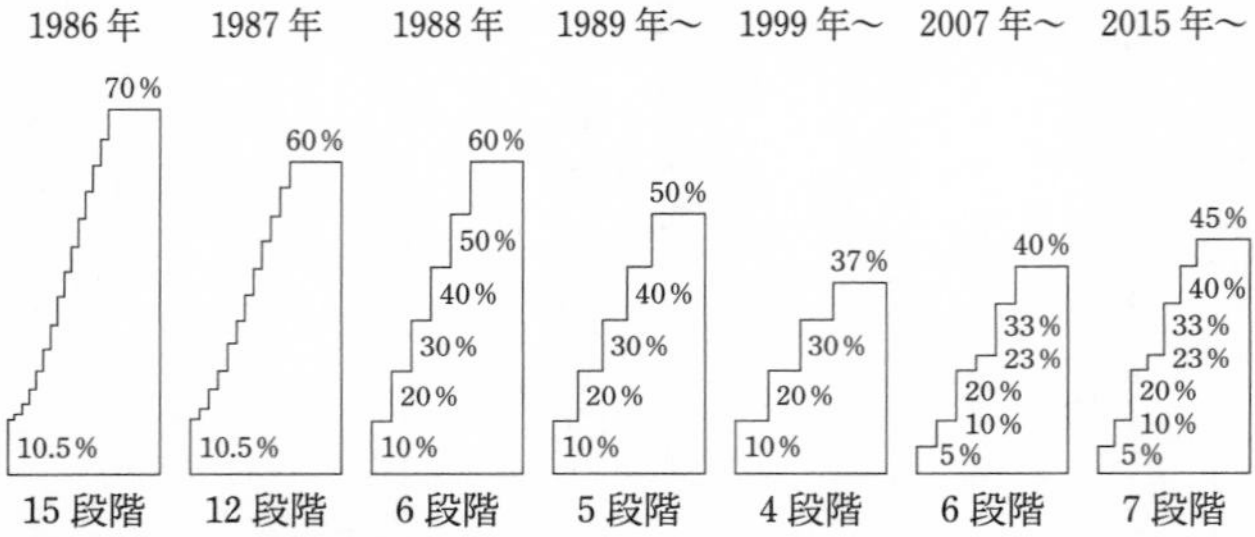

注：地方税がこの所得税に加わる
出所：財務省HP

っていた。

戦後の日本においては、最高税率は80％を超していたのであり、最高所得階級はとても高い税金を払っていた。これはアメリカでもルーズベルト大統領の時代の80～90％と同じであった。日本もなぜこれほど高い税率であったかを説明するのは容易である。日本の税制は戦後のGHQによるシャウプ税制（シャウプ博士はアメリカの税制の専門家）で決められたので、アメリカ色は当然強かった。

第二に、その後1987年、1988年と最高税率は60％に下げられ、1989年には50％、1999年には37％に下げられた。しかも階層と税率のきざみも少なくなった。これは高額所得者へのかなりの減税政策と解してよい。

第三に、ごく最近では2007年に最高税率は40％に上げられ、2015年にも45％に少し上げられた。

一方で最低税率は10％から5％に下げられ、2007年からはそれぞれが増減税の役割を演じた。

高所得者の不満

ここでなぜ高額所得者の所得税の減税政策が過去には採用され、ごく最近になってそれが見直されたのかを考えてみたい。

まずは減税政策の採用である。最高所得税率がかなり下げられた最大の理由は、高所得者から「税金が高過ぎる」という批判の声が強かったからである。経営者、プロスポーツ選手、人気芸能人・文化人を中心にして、「こんなに高い税金を徴収されると、働く意欲を失うので社会にとってもマイナスではないか」との不満であった。これに呼応して経済団体も声明を発表して、この声を公に主張した。言わば有能な人が働かなくなったら、経済成長（経済効率）に負の効果があって、日本経済にとってよくないという主張である。

これに対する筆者の反応は次のようなものである。税金が高いと労働供給や勤労意欲を失うという不満は、じつは現実の社会では声は大きいが、それがデータとして確認されたことは、一部の既婚女性のパート労働者と高齢者に関するデータを除いてほとんどない。社長や部長が現実に労働時間を減らしたことはほとんどないし、こういう人は税金とは無関係に一生懸命に働くのが普通である。高給取りのホームランバッターが、税金が高いといってホームラン数を減らした話を聞いたことはない。

筆者はホームラン王の巨人の王貞治選手のインタビューが忘れられない。インタビュアーの「王さん、高い税金を払っていますが、高いとは思いませんか？」の質問に対して、「これで助けられる人がいれば、私は気になりません」と。現代ではこんな綺麗事を言う人はいないだろうが、少なくとも税金の高さによって野球活動の程度を減少させる気持ちは毛頭持っていなかった、と解釈できる。

たしかに税金を当局から徴収されるのは誰でも「嫌《いや》」である。嫌であることを少なくとも声だけは出しておこうとの雰囲気があって、それを政府当局が認めて減税に応じてきたのである。くりかえすが、高額所得者が税金が高いからと、労働供給や勤労意欲を減少させたという事実はほとんどない。

日本においては自民党の保守勢力が政治権力を握ってきたので、こういう高所得者の高い税金への不満に応じてきた歴史がある。税制などを決める自民党政治家の所得も高いので、同床同夢の世界にいた。

最後に、ここ最近になって、最高税率を40％から45％に上げた政策を考えてみよう。これは政府が累進度を少し下げ過ぎた、との反省があったことによる。民衆から最高所得税率を上げよ、という要求はさほど強くなかった。むしろ財政赤字が深刻になっているので、税収を少しでも上げたい、との意向も同時に働いたとみなしてよい。

累進税率肯定論

ここで所得税の累進制を是とする根拠をいくつか述べておこう。

①所得格差の大きいことは好ましくない。

累進度の高い所得税の存在は、課税後所得の分配をできるだけ平等にしておこう、という目的がある。戦後の日本やアメリカではこの意識が強かったので、最高税率はとても高かった。それは現代ではかなり弱くなったが、まだ累進制は残っている。所得分配の不平等度の高いことは、その社会にとって好ましくないとの配慮が多少なりとも生きている。

でもどの程度の所得分配の不平等度、あるいは所得格差の大きさが望ましいかは、個人の価値判断に依存する。極端な価値判断の持主は、すべての人が平等の所得であるべき、逆にものすごい所得格差（例えば昔の王国や帝国のように）があってよいという人もいる。多数のお金持ちと多数の貧困者がいても気にならないとか、極貧の人が多く発生してしまうのはさすがに困るという人は多いだろうが、大金持ちの人がいるのは本人の努力の成果もあるだろうから気にはならない、という人もいるだろう。これらは個人が人間社会をどう見ているかの好み（価値判断）によって異なる。

じつは所得格差を判断するときにも二つの見方がある。一つは、高所得者と低所得者の格差の存在に問題があるとして、高所得者から高い所得税を徴収して、それを財源にして低所得者にいろいろな所得を再分配する考え方である。もとよりそれをどの程度行うかも、人によって価値判断は異なる。

もう一つは、高所得者の存在はさほど気にせず、つまりこういう人は頑張った人であるから半分は褒美としてそのままにしておく。一方で低所得者（特に貧困者）の存在も避けなければならないから、それらの人を救済する税制が望ましいと考える。例えば、ミルトン・フリードマンのように負の所得税を提唱して、こういう貧困者には負の所得税（すなわち税金の払い戻し）を課する考え方もある。

第二の考え方を延長したものとして、最近ではベーシックインカムというのがある。国民全員に人間が最低限生きていくために必要な資金を、政府が支払う義務があるとする。まだこの制度を導入した国はないが、ごく一部の地域では試験的に導入している国もある。

上に述べたそれぞれの個人の価値判断が多数派を占めれば政府を動かして、自分たちの好みの所得分配の状態を決めて、それに向けての政策を実行することが可能になる。

②高い所得のある人ほど税の支払い能力が高い。

高所得者は資金を多く持っているので、高い税金を支払う能力があると判断できる。したがって、高い税金を課しても負担感が小さいであろうし、生活困窮に追い込まれることもない。たとえ累進税制であっても、極端な累進度でないかぎり、課税後所得に逆転が起こることはないし、生活水準の逆転もありえない。

一方で低い所得の人は生活費にまわす所得の割合が高いので、高い税金を課すのは酷である。したがって低所得者の税金支払い能力は低いので、低い税率にせざるをえない。

③政府の税収確保に好都合である。

所得税率の累進度が高いと、高所得者一人当たりの税収は多額になるので、税収の増えるのは確実である。多数の低い所得者がいても一人当たりの税収額は低いので、税収総額は多くならない。したがって政府にとっては、高い税収を得るには累進度の高い税率構造の方が好都合となる。

累進税率否定論

逆に、所得税の累進制を否定する理由とそれについての考えを述べておこう。

①労働供給、勤労意欲にマイナス効果である。

所得税自体のところで、この税が、例えば、経営者、スポーツ選手、人気の高い芸術家など高所得者の労働供給、勤労意欲に対して負の効果があるとする考え方をすでに述べた。結論だけを再述しておくと、高い所得の人に高課税があると、その人びとは高い税金は嫌だとして不満は述べるが、実際に労働供給や勤労意欲を減少させることはほとんどない。

ここでは低所得者への所得税が与える効果について一言述べておこう。低所得者への所得税率はそもそも低いので、労働供給や勤労意欲への効果は小さく、一般論としてそう問題にする必要はない。しかし、若者、既婚女性のパート労働者、高齢者といった人は影響を受けるので、考慮する必要はある。

まず若者を考えてみよう。年功序列制の下では日本の若者の賃金は低いので、生活に困っている人が結構多い。むしろ若者には減税が必要と考える。若者用の基礎控除などの額を多く計上させるようにしたい。

次は既婚女性のパート労働者に関してである。106万円、130万円の壁として知られるように、労働所得がこれらの額を超えると、所得税を払わねばならず、これらのパート女性は労働時間を抑制する場合が多い。人手不足に悩む日本だけに、これらの女性が労働供給を抑制しないように、税制改革は多少進んでいるが、もっと進めてほしいものである。

最後は高齢者である。高齢者については所得税に関する問題はほとんどないだろうが、むしろ年金を受給しながらも労働できる体制をもっと確実にすることが、人手不足の解消に役立つ方策になると考えられる。

②資本蓄積を阻止するかもしれない。

アメリカの例で示したように、多くの資本主義国では貯蓄や株式投資といった資本蓄積(ひいては経済成長)を促進するために、利子や配当による所得への課税には優遇措置が採用されてきた。日本も例外ではない。今でも障害者等に対しては存在するが、過去にはマル優制度というのがあって、一定額の範囲内であれば利子所得は無税であった。現在でも利子や配当は分離課税なので、総合課税と比較すれば税負担が減るのが普通であり、優遇措置は存在している。

これも経済効率性(経済成長)と公平性のトレードオフの例となる。すなわち資本所得への低税負担によって経済成長に期待するが、資本所得を多く受け取る高所得者・高資産保有者が有利な扱いを受けていることになり、資本所得がないか少ない低所得者と比較すると公平性に欠けると解釈できる。

著者が1996年に英語で発表した *Public Policies and the Japanese Economy* では、税制が日本の総貯蓄率に与える効果は大きくないとして、ここで述べた資本課税への優遇措置に対しては、目くじらを立てて批判する必要はないと考える。しかし金融商品の種類によっては影響が大きいものがあるので、無視できる課題ではない。すなわち、ある金融商品への税優遇措置が、高資産保有者の不当な有利さにつながってはならない。
③高所得者は有能な人なので高課税は適切ではない。
日本の経済成長をリードする経営者、技術者、官僚などはとてもよい仕事をしているので高所得者になっているのであり、これらの人のインセンティヴを阻害するような高率税制は好ましくない、との意見がある。

この反対論に対しては、高い税率が労働供給や勤労意欲の阻害になっていないとすでに述べた回答をここでも用意できる。
④哲学・思想からの批判がある。
じつはこの批判にもっとも高い関心が向けられるべきである。自由主義経済論、リバタリアニズム（自由至上主義）の立場からすると、高い税金を課して個人の自由な経済活動を束縛することはあってはならない、ということになる。経済学からもハイエクやM・フリードマンに代表されるように、政府がさまざまな規制をして有能な人の働きぶりや、企業の自由な経済活動を阻害してはならないという思想と、ここでの高い税金への批判は、同じラインにあると解してよい。

この自由主義経済論、あるいは資本主義擁護論に対しては、マルクスで体系化されかつ完成した社会主義、共産主義からの強烈な批判と抵抗運動があった。マルクス主義と、社会主義よりかは穏健な変革を望む社会民主主義や福祉国家については、前の章で詳しく論じた。

ここでは思想面で穏健さを保ちながらも、リバタリアニズムに対抗するものとしてリベラリズム（本来は自由主義との意味）に言及しておこう。リベラリズムという言葉は多岐多様な意味を含んでいるので、注意を要する言葉である。自由を尊重しながらも進歩主義という意味を含んでいる、と解する。例えば、大きな所得格差の存在に賛成しないので、弱者や貧困者の救済に積極的であるし、人種差別や女性差別を否定するし、大きな政府に双手を挙げて賛成はしないが、それには寛容である、等々の特色がある。

ヨーロッパの政党であれば、イギリス労働党、ドイツや北欧諸国の社会民主党、アメリカであれば民主党が、微妙にニュアンスの違いがあるが、リベラル勢力に近い。日本であれば過去3年間政権にあった民主党がこれに近い。今の日本は野党の乱立状況にあるし、政治・経済思想が一枚岩ではないので、どの政党がリベラル政党であるか、なかなか特定できない。じつはリバタリアンの多い自民党のなかでも、少数ながらリベラル勢力が存在する。

大胆に誇張して要約すれば、リバタリアニズムは自由経済を信奉するので経済効率性を重視し、公平性を重視するということはリベラリズムを信奉する、となる。

所得税率の最適構造

経済成長（経済効率性）を重んじるか、公平性を重んじるかは、国民一人ひとりの哲学・思想に依存する。国民の選択によって政治の世界が決める、ということになる。しかし経済学者はこの政治選択から離れて、純粋な経済学の分析を行って、効率性と公平性を巡って一つの解答を提供した。それは経済効率性と公平性を満たす所得税率の最適構造はあるか、という問題設定である。１９７１年に最適課税論を理論的に提唱したのはイギリスのマーリーズである。彼はノーベル経済学賞を受賞した。

このマーリーズの理論に立脚して、跡田・橘木は日本の所得税制が最適税制にあったかどうかの検証を試みた（"Optimum Nonlinear Income Taxation and Heterogeneous Preferences", 2001）。自己研究を紹介するという手前味噌で申し訳ないが、結論は、１９７０～１９８０年代の日本の所得税率構造は、ほぼ最適な累進状態にあった、というものである。当時の最高税率は70％、最低税率は10・５％であり、15段階の階層に区分されていた強い累進税制度であったが、それが経済効率性と公平性の双方を満たす理想型に近かったのである。今は図７－１で見たように、累進度は緩和されており、日本の所得税率は経済効率性を重視するようになっているのに対して、公平性が犠牲になっている、ということになる。

第8章　日本は格差を是正できるのか

1　格差問題と経済学

高所得者の存在が格差の象徴

本書の目的は、格差問題に対して経済学がどういう分析を重ねてきて、格差に対してどういう対処策を提出してきたかを明らかにすることにあった。

経済学に関しては、ピケティが『21世紀の資本』においてエポック・メイキングな分析を行って、格差問題において新しい視点を提供した。これまでの経済学は、貧困の存在と貧富の格差の大きいことを格差の象徴とみなして、分析を重ねてきた。ところがピケティは高額所得者と高額資産保有者の存在を格差の象徴ととらえ、20世紀後半から現在にかけて資本主義国のみならず、発展途上国や社会主義国においてさえそれが深刻である、と統計上で示して我々に大きな刺激を与えた。

特に重要な国は資本主義国の代表国であるアメリカで、アメリカにおける高所得者の所得額、高資産保有者の資産額はものすごい額に達していると警鐘を鳴らした。ポスト・ピケティの経済学者はこれらアメリカの大富豪が節税、特に脱税にコミットする額は巨額に達していると明らかにした。

日本においても橘木・森『日本のお金持ち研究』（2005年）や野村総合研究所の分析で明らかにされたように、高所得者の数は増加しており、しかもその所得額も高くなっているが、まだアメリカほどの巨額の高所得・高資産額ではない。しかし日本は戦後一貫してアメリカの歩む道を踏襲してきた歴史があるので、将来は大富豪の目立つ国になるかもしれない。もしそうなった場合はこれこそが資本主義の宿命といえるだろう。

高額所得者がなぜ出現するかの経済学の理論分析は、20世紀後半になって少し出現したにすぎない。例えば「一人勝ちの理論」などがあるが、これからは本格的な経済学的分析がなされるべきである。

むしろ分析の進んだ分野は、高額所得者から多額の税金を徴収してよいか（いわゆる累進所得税の議論）の税理論である。これに関しては本書でもかなり議論をしたし、著者の主張は累進所得課税論の支持である。

貧困者と貧富の差

すでに述べたように、格差の認識には、①貧困者、②貧富の差、③高所得者の三者のアプローチがあるが、経済学では前二者の分析に長くかつ周到な分析の歴史がある。本書ではこれに関して詳細な議論をした。特に産業革命の後に発展した資本主義経済の下で前二者の問題が鮮明になった。特に資本家と労働者の対立が激しくなり、労働者で貧困になる人が増え、労働者のみならず一般人のなかでも増え、格差問題が社会での大きな問題となった。

経済学はこの問題にどう取り組むようになったか、本書でも詳しく論じた。マルクス経済学を筆頭にした社会主義思想の台頭、ドイツ流の社会政策の考え方、福祉国家的な対応の仕方、ケインズ経済学に代表される近代経済学における対応策など、以前の章で詳しく議論したので、ここではくりかえさない。

現代の世界経済を見渡せば、自由な市場経済を信奉する国家群、福祉国家を基礎とする市場国家群、共産党の一党独裁政治を基礎とする社会主義でありながらの市場経済的国家群、発展途上国家群に大別されようか。これらの国家群における格差問題の現実に関しては、第5章と第6章で詳しく分析した。

2　格差社会から脱却するために

日本が格差社会にいる理由

第1章において、日本は貧困者が多く存在することに注目して、格差社会にいると結論づけたが、なぜそれから離脱できずにいるのだろうか。簡単にまとめてみると次のようになる。

第一に、日本は資本主義経済の典型国である。資本主義の宿命として格差の誕生は避けられない。資本主義をやめて社会主義に移れば可能性は開かれるかもしれないが、国民の共産党支持率はとても低く、経済体制の変換はまずあり得ない。残された方法は福祉国家になる道であるが、これについては後に詳しく検討する。

第二に、現存する格差に関して、拙著『格差社会』(2006年)などによって格差社会が論じられたとき、一般の人も関心を持ったが、その後その関心は低下した。現状は、日本も格差社会にいるようだが、それをあえて是正する必要はない、と思っている人が日本人の多数派ではないか。

第三に、ではなぜそう思う人が多数派なのかを考えてみよう。まずは本書で詳しく論じた「経済効率性と公平性(平等性)はトレードオフにある」を信じて、経済効率性(経済成長)を重要な価値と信じる人が多いからではないか。これだと格差を無視するか、あるいは問題にする必要はない、と考える人が増加する。

第四に、貧困者、あるいは弱者を支援したい気持ちは尊敬するが、それを政府が実行するときには財政負担が増加するので、その負担を自分たちでする（具体的には税による）のは嫌だ、と思う人が多いのではないか。したがって、政府も強力な支援策に及び腰になる。

第五に、第四と関係するが、日本では「自己責任論」が根強く、貧困者や弱者はその人の努力が足りないからそういう身分になっているのだ、と感じている人が結構いる。第四と第五は、格差社会を是正すべしと考える人が少数派になっている根拠である。

先進資本主義国の区分

先進資本主義国を、①経済（経済効率性）優先か平等性重視か、②福祉国家か非福祉国家か、③福祉の提供は普遍主義か、選別主義か、の三基準（家族主義か自立主義かを含めれば四基準）で分類してみた。表8－1がそれである。

なお経済優先か平等性重視かの区分は、政府が税制や社会保障制度によって、どれほど所得再分配政策（国民の所得の平等化を図る政策）を行うのか、その強弱の程度に関係することを認識しておきたい。

福祉の提供における普遍主義か選別主義かの違いは、前者が国民全員を性、職業、身分、年齢などで区分せずに平等に扱うのに対して、後者は職業、身分、年齢などで区別して制度をつくる。選別主義のわかりやすい例は、日本での医療保険が、大企業用（組合健保）、中小企業用（協会けんぽ）、自営―無職用（国民健保）で区分されているのでわかる。

表8-1　福祉国家・非福祉国家の類型

提供方法 ＼ 所得の再分配	福祉レベルが高い		福祉レベルが低い		
	普遍的	選別的	普遍的	選別的	
所得再分配政策が強い（平等志向）	スウェーデン ノルウェー デンマーク	オランダ ドイツ			
				家族主義	自立主義
所得再分配政策が弱い（格差容認）		イタリア フランス	カナダ イギリス オーストラリア	日本	スイス アメリカ
	経済は最優先ではない		経済最優先		

出所：橘木（2002）『安心の経済学』岩波書店、219頁

最後の家族主義か自立主義かの区分は、選別主義において誰が主たる支援者かに注目した、家族か自分（自立）か、の違いである。

まず福祉国家か、非福祉国家かについて述べてみよう。これは国民への福祉の提供（年金、医療、介護、失業、生活保護）に際して、国家がどれほど税金・社会保険料を徴収して、それをどれほどのサービスとして国民に提供するかの強弱の程度に応じての区別である。本来ならば、スウェーデン、ノルウェー、デンマークの高福祉・高負担の国々、オランダ、ドイツ、イタリア、フランス、イギリス、カナダ、オーストラリアの中福祉・中負担の国々、日本、スイス、アメリカの低福祉・低

負担の国々の三区分が好ましいが、ここでは敢えてわかりやすく二区分にした。

日本は現時点では年金支給額や医療給付額では中福祉の水準にいるが、保険料収入額が低いことと、それぞれの保険制度が少子高齢化によって大幅な財政赤字を抱えていて、将来は中福祉の支給水準を維持するのが不可能である、との予想があるので低福祉・低負担にあるとした。

すでに述べたことでもあるが、スウェーデン、ノルウェー、デンマークの北欧諸国は、福祉の水準がとても高いが、国民の負担もとても高いという福祉国家である。一方、日本とアメリカはその逆で非福祉国家の典型である。北欧諸国がなぜ福祉国家になったかについては、第4章で論じた。

日本では福祉の提供は、成人した子どもが親の経済保障を行い（これは3世代同居という慣習で確保された）、親の医療・介護の世話も同じく成人した子どもの役目であった。政府が必ずしも福祉の提供を行う必要がなかったのである。子どもがいないとか、独身を通す人に関しては、まわりの親族が面倒を見るということになっていた。

アメリカに関しては、もともとは移民の国なので独立自尊の精神が強く、誰にも頼らないという意識の強さによって、福祉は自分でまかなうという意識が強くなることはすでに述べた。さらに、国民の間で経済を強くする必要がある、すなわち豊かになりたいとの意向が強いので、国民に高い税や保険料を課すと経済成長にマイナス効果があるとして、それを避けるべしとのコンセンサスが国民にあることも大きい。

それならカナダ、オーストラリアもイギリスの旧植民地だったので、アメリカ人と同じ意識を持っても不思議はないが、これらの国は英連邦の国として旧宗主国のイギリスの伝統を引き継いでおり、アメリカのような低福祉・低負担の国にならなかった。もう一つ英連邦諸国の結びつきを物語る証拠は、医療給付の財源を保険料に求めず、三国とも税金を財源にしている点にある。さらに加えれば、この三国は福祉の提供方法において選別主義ではなく普遍主義にある点も共通である。

普遍主義か選別主義かに関しては、ドイツ、フランスなどの大陸ヨーロッパ諸国が選別主義であり、イギリス、カナダ、オーストラリアのアングロ・サクソン諸国が普遍主義という特色がある。これは一つの理由として、大陸ヨーロッパ諸国ではドイツに代表されるように、福祉が社会保険料方式でスタートした歴史にも依存する。ついでながら日本の福祉制度はドイツを真似た点が多いので、選別主義になっている。

日本における格差是正策

日本が格差社会を脱却するには、後に述べるように、日本が福祉国家になることがとても重要であるが、ここではそれとは異なる視点から格差是正策を述べておこう。拙著『日本の経済格差』以降、何度も詳しく論じているので、簡単に列挙するにとどめる。

①同一価値労働・同一賃金の徹底

日本は正規労働者と非正規労働者の間での賃金差が大きいので、それをなくすには、同じ仕事をしているなら時間あたり賃金を同一にすべきである。オランダのように昇進にも差をつけるな、の原則導入は、両者間で責任感、忠誠心が異なるので、まだ日本では無理だろう。だが、賃金の同一化は労使もその価値を認めているので、近い将来に可能であろう。

②最低賃金額のアップ策

働きながらも貧困で苦しむ人の数を減らすには、この策がもっとも有効である。労働側は当然として、政府もこの策を積極的に導入したいとの政策を掲げているので、最低賃金額は今後もアップが続くであろう。当然のことながら慎重な姿勢をなかなか崩さない経営者も少なくないであろうが、労働者の賃金が上がると、国民の消費額が増加することによって、企業の生産額と売上額の増加につながるメリットを評価して、最低賃金のアップ策に賛成してほしいものである。

③所得税率の累進度の強化

日本の所得税における累進度の低下の進行はすでに述べたが、高額所得者への所得税率を高くして、その財源を貧困者の所得支持政策や社会保障制度の充実に用いるようにしたい。例えば最高所得階級への限界税率を60％前後に高めて、それに伴ってそれ以下の所得階級の税率も上げるのが望ましい。日本やアメリカの過去のように、最高税率を80〜90％にまで戻せとまでは主張しない。

④消費税における軽減税制のさらなる強化

消費税率10％の今日において、食料品などへの軽減税率8％が導入されている。低所得者にとっての所得支持政策、あるいは消費促進策として、食料品や生活必需品の軽減税率をもっと下げる必要がある。例えばイギリスでは食料品の税率はゼロに抑えられているほどである。将来の日本の消費税率は15〜20％に上げざるをえないと予想されるので、食料品や生活必需品の軽減税率のますますの強化策が期待される。

⑤格差、特に貧富の格差是正には、企業における管理職と平社員の間の賃金差、もっと象徴的には社長と平社員の間の収入差がどうあるべきか、に踏み込む必要がある。しかし経済学では性、年齢、人種、教育、職業などが賃金に与える効果の実証研究は山ほどあるが、地位そのものの効果にはさほどコミットしておらず、経済学としてはさほど書くことはできない。もっとも性、年齢、人種、教育、職業などの差によって生じる賃金格差の現状に

も言及すべきであるが、これを行うには一冊の本を準備せねばならないほどの研究の蓄積があるので、それに関してはこれ以上述べない。

⑥失業者の数をゼロ近くにする

失業者の数を減少させる政策については本書でかなり議論したので、ここでは再述しない。

⑦高齢者の雇用数を高める

現代の高齢者は元気であるし、勤労意欲も高いので、定年延長策や、働きながらも年金を受給できるようにする。年功序列制の下では高齢者の賃金は高いので、低下策はあってよい。逆に低所得にいる若年層の賃金は上げるべきである。

3 日本は福祉国家になれる

家族の変化

先ほど日本はなぜ福祉国家にならなかったのかを述べた。ここに至って大きな変化が最近に起きている。このことを考慮すると、日本も福祉国家になる可能性がある、と述べておきたい。これまでの日本では福祉の提供は、家族・親族の間でなされていたので、政府の出る必要はなかった。しかし、最近では家族の変容は甚だしい。そのことを述べておかねばならない。

拙著『家計の経済学』（2017年）の指摘に待つまでもなく、日本では家族の絆は崩壊の過程にある。具体的には、まず家族を持とうとしない人の激増である。すなわち結婚せずに一生を独身で通す人の増加である。生涯未婚率は20％を超すとまで予想されている。単身者には直接に家族がいないので、家族の形成がない人が増えることを意味する。結婚に付随して、離婚率の増加がある。家族構成メンバーの変化を意味するので、自然と家族関係が複雑になり、絆の弱まることは避けられない。

次は、たとえ家族構成メンバーの変更はなく、安定的な家庭であっても3世代同居は激減しており、成人した子どもが両親の経済支援や医療・介護の世話をする慣習がなくなりつつある。これは老親と子どもが別居しているケースでも似ていて、老親は福祉を自分で企画・実施せねばならない世の中になりつつある。

さらに、日本の出生率の低下は女性の合計特殊出生率が1・2〜1・4に低下していることでわかるように、家族人員数は大幅に減少している。家族人員数の低下は、たとえ家族間の絆は維持できても家族間のさまざまな支援を可能にする余地の低下を促す。

もっとも深刻なことは、家族メンバー間における助け合いの精神の低下である。代表例はすでに述べた3世代同居率の低下である。助け合いの精神が存続しているなら、同居を続けてよいと思われるが、現実ではそうでないことを示している。これは、老親を持つ若年・中年の子どもの所得が低成長経済によって高くなく、老親の経済支援をする余裕のないことにも原因がある。

このように家族の絆が弱くなっているなら、福祉の提供を行ってくれる人、あるいは制度を確保せねばならない。日本における候補は次の三つである。第一に、アメリカ流の誰にも頼らない自立主義の徹底。第二に、一時は大企業で見られた企業福祉の復活、第三に、ヨーロッパ流の福祉国家になる。

日本人はアメリカ人のような強い自立の精神を持っていないので、自立主義に依存する方法は困難と判断できる。一方で、これまでは家族に頼ってきた歴史があるので、誰かに頼りたい心情は続くと予想できる。その候補が政府ということになり、福祉国家への道を歩まざるをえないと予想する。

他人を助ける必要がない？

じつは「誰かに頼りたい心情の日本人」を助けるのは政府である、という筆者の主張に懐疑論もありうる。田中『やさしくない国ニッポンの政治経済学』（2021年）は、社会学の国際比較研究において、日本人に他人を助ける気持ちはなく、アメリカ人以上の個人主義の国であり、「自己責任論」を愛する国民である、と述べる。同書のなかで、例えば、アメリカのピュー・リサーチ・センターによる世界47ヵ国の比較研究によって、「政府は貧困者を助けるべきか」の質問に対して、日本人は59％の人しか「ハイ」と回答しておらず、47ヵ国のなかでは最低の比率であった研究を引用して、「日本人は他人を助ける気がない」と結論づけている。比較の意味で他国の数字を示しておこう。イギリスの91％、中国90％、韓国87％、アメリカ70％である。自立主義の権化というべきアメリカより低いのは驚きである。

田中の研究に対する筆者の回答は次の通りである。第一に、歴史的に家族が助け合ってきた日本ならば、「他人を助ける必要はない」と思うのは自然の姿であり、それほどの違和感はない。

第二に、たとえ59％という最低の比率であっても、6割に近い数字は半数を超える比率であり、政治の世界であれば多数派の勢力になるので、それほど強烈に「他人を助けることを容認していない」とまでは主張していない。希望の持てる多数意見であると判断する。

第三に、日本国民も家族の崩壊の事実を知るにつけ、「誰かに助けてもらわねばならない」と思う人の比率は高まると予想できる。その役割を果たすのが政府である、との認識は必然的に高まるので、福祉国家への支持率は確実に高まると信じている。

第四に、日本ではアメリカの情報が満ちており、したがってアメリカの社会が理想の姿と思う人が多いので、福祉国家への支持率は低かった。しかし、もう少しヨーロッパの現状、特に福祉国家の現状をもっと知ってもらえる努力をすると、ある程度は福祉国家への理解度と支持率は高まるものと期待できる。

企業福祉に関しては、大企業と中小企業の間で企業福祉のサービス提供について大きな格差があったので、それを続行するのは好ましくない。さらに、これからの企業は競争がますます激しくなるだけに、本業に徹する時代になるべきである。これらに関しては、拙著『企業福祉の終焉』（２００５年ａ）を参照のこと。

福祉国家になるためには

日本は福祉国家になるべし、あるいはならざるをえないと主張するが、その理由としてもっとも重要なものを挙げれば次の二つである。

第一に、年金、医療、介護、失業、生活苦などの分野で政府が保障してくれるので、生活における安心感を確実に抱けるし、人生においての不安を排除してくれる。第二に、政府がこれらの分野で最低保障をしてくれるので、貧困者になる恐れはない。日本の格差社会を特徴づけるのは多数の貧困者の存在にあるので、その数を非常に少なくできるメリットがある。すなわち、格差社会の是正につながる。

一方で、大きな政府にならざるをえない福祉国家になればマイナス点も指摘しうる。第一に、国民に多額の税と社会保険料の拠出を求めるので、経済にとってマイナスになる可能性がある。これはこれまで何度も述べてきた、経済効率性（経済成長）と公平性（平等性）のトレードオフである。第二に、もし政府の仕事に非効率性が目立つなら、年金、医療などの福祉の供給が非効率になり、国民は負担すれどもサービスの享受の程度が低くなって、福祉国家が機能しなくなる可能性がある。

これらのメリットとデメリットを考慮しながら、福祉国家に日本がなるならどういうことを国民、政府はしなければならないか、そして留意せねばならないかを検討するのがここでの目的である。

第一に、福祉国家の運営には国民に高い税と社会保険料の拠出を求めるが、これが労働供給と勤労意欲に阻害効果があるとされて、経済効率にとってマイナスになる可能性が指摘された。さらに国民は高い負担に不満を述べるが、現実に労働供給や勤労意欲の阻害効果は観測されないことは、第7章で述べた。

第二に、利子や配当への課税がこれらの金融資産の収益率を低下させるので、高利子課税や高配当課税は貯蓄（すなわち資本の調達）にとって好ましくないとする主張に、むしろ耳を傾ける必要がある。これに関しては、まず日本は低金利と低配当の時代にいることに問題があり、課税の効果は低いと考えられる。低貯蓄率が問題になるなら利子率を上げる政策、低株式投資が問題になるなら国民の危険回避度の高さから生じる株式投資への無関心さを排除する政策が必要である。

第三に、低資本に対処する政策としてはアメリカや北欧諸国が参考になる。まずアメリカは低貯蓄率に起因する低資本に対しては、外国から資本を導入して、低資本問題を解決した。北欧諸国は社会保障が充実しているので国民の安心感は強く、したがって人びとは貯蓄に励まない。そこで低資本を補うためにこちらも外資を導入して対処している。現世界はグローバル経済なので、もし日本が国内での低資本で悩むところがあるなら、外資導入によって資本不足を補う手段が残されている。

北欧の経済成長率

第四に、もっとも深刻な問題かもしれない経済効率性と公平性（平等性）のトレードオフについて考察したい。福祉国家になれば経済は弱くなるかもしれないというのが、このトレードオフの意味するところであるが、ここではスウェーデン、デンマークなどの福祉国家の例を用いて、心配は無用ということを述べておきたい。

じつは北欧諸国は福祉国家ながら経済は強いし、国民の幸福度も高い。まず経済成長率を見てみよう。2013年から2022年までの10年間の3国の平均成長率は次の通りである。スウェーデン：2・37％、デンマーク：2・16％、ノルウェー：1・64％、格別に高い成長率ではないが、日本の平均成長率0・5％前後よりはかなり高いので、北欧諸国の経済はかなり堅調である。

もっと重要な指標は国民の幸福度である。国連の統計によると、2023年度における世界で1位の幸福度を誇る国はフィンランド、2位はデンマーク、3位はアイスランドという北欧諸国である。ちなみに日本は137ヵ国中の47位であり、高くない幸福度である。北欧諸国は福祉国家なので税金や社会保険料の負担はきわめて高くとも、国民が高い安心感を持てるので、高い幸福度を感じているのは、これらの国が好ましい姿にあると判断してよい。なぜ好ましいかを翁・西沢・山田・湯元『北欧モデル』（2012年）と拙著『安心の社会保障改革』（2010年）を参考にしていくつかの理由を示す。

まずは、日本では生産性が低くて経営不振の企業をなんとか支援して、企業倒産を防ごうとする文化がある。これは経営者、社員、政府に共通の思いであり、失敗を恥とする文化に起因していると考えられる。

　ところがスウェーデンやデンマークでは、弱い企業はむしろ倒産させて市場から退場してもらい、強くて元気な企業に新しく登場してもらう方が、一国の経済を強くするのに役立つ、との信念がある。筆者がスウェーデンの企業をまわったとき、経営者は「自分の企業で社員に出す給料で食べていけないのなら、経営を続けるよりも倒産した方が好ましい」とヒアリングで述べていた。これは企業の新陳体謝が良い方が望ましいと述べているのに等しい。

　北欧諸国の労働者もこれと似た感情を持っていて、もし企業が倒産したなら、次の企業に移ることにためらいがない。

　ここで登場するのが政府である。まず政府は新しい企業の創設にさまざまな支援を施して、生産性の高い企業が市場に参入できるようにしている。企業を移らねばならない労働者に対しては、政府が技能訓練のための制度を積極的に用意して、新しい企業でも有能な労働者として働けるようにしている。

　もう一つは、もし労働者が企業を移るときに一時的に失業するなら、その間は失業保険制度によって生活に困らない体制が充実しているので、労働者は安心して企業を移ることができる。政府、企業、労働者が一体となって、労働移動がスムーズに行われるように、職業訓練の提供と失業保険によって体制が整っているのである。これら二つは、福祉国家のメリットが生きていると解釈できる。

日本では終身雇用の伝統があったので、企業を移るということにかなりのためらいのある文化にある。したがって、いきなり北欧諸国のように労働者が企業を移るという文化に変わるのは困難かもしれないが、いつまでも弱い企業で働くよりも強い企業で働く方が、本人の生産性も上昇して賃金は上がるし、国全体の経済も強くなるというメリットに気づいてほしい。要は企業経営者、労働者、政府の三者において、日本では強い経済をつくるための発想の転換が必要である。

日本の選別主義

第五に、福祉の提供方法として、普遍主義と選別主義があると述べたが、日本の選別主義には特殊な問題がある。それは労働者が社会保険制度に加入する際に、労働時間で選別していることである。すなわち、週労働時間が20時間以上の人には社会保険への加入の資格を与えているが、それに満たない非正規労働者には参加の資格がない。

後者の資格のない労働者は社会保険料を支払わないので、当然のことながら年金、医療、失業などの給付はない。ただし、年金の場合には高齢の専業主婦が夫を失った時に寡婦年金が一部支払われたり、医療の場合にも妻（ないし夫）が扶養家族として給付を受けられるような制度にはなっている。

ここでの主張は、社会保険制度への参加資格として労働時間の制約を撤廃すべし、というものである。それが困難なら、労働時間の制約の週20時間を、例えばしばらくは週10時間に短縮して、後に撤廃するのが望ましい。当然のことながら、労働時間の短い人は保険料拠出額が少ないので、給付額が減額されるのはやむをえない。

似た問題は、労働時間の把握が困難な自営業者にも発生している。日本は選別主義なので、被雇用者と自営業者は別の年金制度、医療保険制度に加入しているが、将来的には徐々に職業による区別を外して、普遍主義に変換するのが望ましい。そのためには財政負担を保険料方式から税方式に変換するのが望ましい。これらを詳細に議論するにはいろいろなことを考慮せねばならないので、これ以上の言及を避ける。詳しく知りたい方は、拙著『安心の社会保障改革』（２０１０年）を参照されたい。

政治家・役人への不信感

第六に、福祉国家になるには政治と官僚の世界が、国民の信頼を得るような態度を見せないかぎり、無理な希望であると言わざるをえない。国民から多額の税金と社会保険料を徴収するのであるから、その見返りが完全になされないかぎり、国民は福祉国家になることをあきらめると思われる。

それには政治家と役人の意識改革と仕事のやり方に関しての改革が必要である。

まず政治家に関しては、与野党が一体となって10年ほど前に「社会保障と税の一体改革」が合意に至ったことがあった。国民は負担増を受け入れるかわりに、国会議員は定数を減らして自分たちも身を切る改革を行うと国民に約束をした。しかし政治家はこの約束を反故にした。

最近では自民党の派閥において、国会議員がパーティで得た政治資金を裏金として利用したし、政治資金報告書に記載していないという行為が明らかになった。政治家への不信感は一気に高まったのである。

国会議員の数を減らしても、財政規律が回復する程度は限られているが、これさえ実行できないのであれば、国民の信頼は得られない。しかも政治資金の扱いは不正に満ちている。エリート意識だけ強くて、「政治家は口先だけ」という信念が国民に強いので、政治家は国民のためにあるとの意識を持って行動してほしい。しかも今は政治家は世襲が横行しており、国民のためよりも家業の繁栄のみに関心のある職業になっている。なかには有能な二世・三世の政治家が少数いるのを否定はしないが、意識の高い政治家が必要である。

次は役人の世界である。年金、医療、介護、失業、生活保護の諸制度の企画と実行は、国家と地方の公務員の仕事である。国民が負担に見合うサービスをこれらの分野で得られていると感じるには、公務員の人びとの献身的な仕事ぶりが必要である。時には非効率な仕事をしているとか、自分の出世ばかりを気にして仕事をしているとか、公務員に対する国民の眼には厳しいものがある。筆者は、公務員が国民のために効率的な仕事をしてくれるなら、今以上に給料を上げてもよいとすら思っている。

まとめると、国民が、政治家と役人が公僕意識を強く持って、国民のためになる仕事をしてくれると信じるようになるなら、高い税金と社会保険料を拠出するようになると確信している。現に北欧諸国では政府と国民の間に強い信頼関係があるからこそ、福祉国家は成立しているのである。

第七に、日本は福祉国家になるべきだ、と主張すると、必ず発せられる批判は、北欧諸国は小国なので国民の間での連帯感が強いが、日本は人口が1億人を超す大国なので無理だ、との反論である。筆者の回答は、それならドイツのように連邦制の国家、すなわち道州制にすればよい、というものである。道州制であれば、小国の連立なので、北欧型のようになれる。日本でも道州制にすべき、との声はあるので、国民の意識次第である。

国民への希望

最後に、国民への希望である。たとえ税金や社会保険料が高くとも、政府が確実な政策を見返りとして福祉の分野で施してくれそうなら、高福祉・高負担の日本になることを考えてほしい。いきなりそれになるのは困難だろうから、とりあえずは、中福祉・中負担の国になるのが好ましいと考えられる。安心感を得られれば、北欧諸国のように高い幸福感を得ることができる。

さらに、すでに述べた格差是正策が導入されれば、国民の高い幸福度は確保できる。国民の高い安心感と幸福感が達成されれば、国民は一生懸命に働いて所得を稼ぎ、家計消費も増加して今より高い経済成長率につながると確信できる。

なお、さらなる高成長経済の達成には、企業における新製品の開発、生産性と設備投資額を高める必要があるが、これは別の本を必要とするほどの大きな課題なので、ここではそれに言及しない。

参考文献

ファクンド・アルヴァレド、ルカ・シャンセル、トマ・ピケティ、エマニュエル・サエズ、ガブリエル・ズックマン編（2018）『世界不平等レポート 2018』徳永優子・西村美由起訳、みすず書房（WID.world, *Rapport sur les inégalités mondiales 2018*, Éditions du Seuil, 2018）
伊藤誠（2014）「『21世紀の資本』論と『資本論』」『現代思想』1月臨時増刊号、88〜101頁
T・B・ヴェブレン（1998）『有閑階級の理論』高哲男訳、ちくま学芸文庫（*The Theory of the Leisure Class*, Oxford World's Classics, 1899）
翁百合・西沢和彦・山田久・湯元健治（2012）『北欧モデル――何が政策イノベーションを生み出すのか』日本経済新聞出版社
ポール・クルーグマン（2014）「私たちはなぜ新たな金ぴか時代に居るのか」山家歩訳『現代思想』1月臨時増刊号、48〜63頁
エマニュエル・サエズ、ガブリエル・ズックマン（2020）『つくられた格差――不公平税制が生んだ所得の不平等』山田美明訳、光文社（Saez, E. and Zucman, G., *The Triumph of Injustice*, W.W. Norton & Company, 2019）
S・M・ジャコービィ（1999）『会社荘園制――アメリカ型ウェルフェア・キャピタリズムの軌跡』内田一秀他訳、北海道大学図書刊行会（*Modern Manors: Welfare Capitalism since the New Deal*, Princeton University Press, 1997）
橘木俊詔（1998）『日本の経済格差――所得と資産から考える』岩波新書
橘木俊詔（2002）『安心の経済学――ライフサイクルのリスクにどう対処するか』岩波書店

橘木俊詔（2005a）『企業福祉の終焉――格差の時代にどう対応すべきか』中公新書
橘木俊詔（2005b）『消費税15％による年金改革』東洋経済新報社
橘木俊詔（2006）『格差社会――何が問題なのか』岩波新書
橘木俊詔（2010）『安心の社会保障改革――福祉思想史と経済学で考える』東洋経済新報社
橘木俊詔（2012）『課題解明の経済学史』朝日新聞出版
橘木俊詔（2015）『貧困大国ニッポンの課題――格差、社会保障、教育』人文書院
橘木俊詔（2016）『21世紀日本の格差』岩波書店
橘木俊詔（2017）『家計の経済学』岩波書店
橘木俊詔（2018）『福祉と格差の思想史』ミネルヴァ書房
橘木俊詔（2021）『フランス経済学史教養講義――資本主義と社会主義の葛藤』明石書店
橘木俊詔・森剛志（2005）『日本のお金持ち研究』日本経済新聞社
橘木俊詔・浦川邦夫（2006）『日本の貧困研究』東京大学出版会
田中世紀（2021）『やさしくない国ニッポンの政治経済学――日本人は困っている人を助けないのか』講談社選書メチエ
野村武夫（2004）『ノーマライゼーションが生まれた国・デンマーク』ミネルヴァ書房
トマ・ピケティ（2014）『21世紀の資本』山形浩生・守岡桜・森本正史訳、みすず書房（*Le Capital au XXIe Siècle*, Éditions du Seuil, 2013）
トマ・ピケティ（2016）『格差と再分配――20世紀フランスの資本』山本知子・山田美明・岩澤雅利・相川千尋訳、早川書房（*Les hauts revenus en France au XXe siècle: Inégalités et redistributions, 1901–1998*, Grasset, 2014）

トマ・ピケティ（２０２３ａ）『資本とイデオロギー』山形浩生・森本正史訳、みすず書房（Piketty, T., *Capital et idéologie*, Éditions du Seuil, 2019）

トマ・ピケティ（２０２３ｂ）『自然、文化、そして不平等――国際比較と歴史の視点から』村井章子訳、文藝春秋（*Nature, culture et inégalités: Une perspective comparative et historique*, Société d'ethnologie, 2023）

ボブ・ローソン（２０１４）「ピケティ『21世紀の資本』批判」『現代思想』１月臨時増刊号、182～197頁

Atoda, Naosumi and Toshiaki Tachibanaki (2001) "Optimum Nonlinear Income Taxation and Heterogeneous Preferences", *The Japanese Economic Review*, vol. 52, pp. 198–207.

Chancel, L. and Piketty, T. (2017) "Indian Income Inequality, 1922–2014: From British Raj to Billionaire Raj?", WID.world Working Paper Series, No. 2017/11.

Kaldor, N. (1955) "Alternative Theories of Distribution", *The Review of Economic Studies*, vol. 23, pp. 83–100.

Kuznets, S. (1955) "Economic Growth and Income Inequality", *The American Economic Review*, vol. 45, pp. 1–28.

Mirrlees, J. A. (1971) "An Exploration in the Theory of Optimum Income Taxation", *The Review of Economic Studies*, vol. 38, pp. 175–208.

Novokmet, F., Piketty, T. and Zucman, G. (2017) "From Soviets to Oligarchs: Inequality and Property in Russia 1905–2016", WID.world Working Paper Series, No. 2017/9.

Tachibanaki, Toshiaki (1996) *Public Policies and the Japanese Economy*, Palgrave Macmillan.

Piketty, T., Yang, L. and Zucman, G. (2017) "Capital Accumulation, Private Property and Rising Inequality in China, 1978–2015", WID.world, Working Paper Series, No. 2017/6.

講談社現代新書　2744

資本主義《しほんしゅぎ》の宿命《しゅくめい》　経済学《けいざいがく》は格差《かくさ》とどう向《む》き合《あ》ってきたか

二〇二四年五月二〇日第一刷発行

著者　橘木俊詔《たちばなきとしあき》

発行者　森田浩章

発行所　株式会社講談社
東京都文京区音羽二丁目一二―二一　郵便番号一一二―八〇〇一
電話　〇三―五三九五―三五二一　編集（現代新書）
〇三―五三九五―四四一五　販売
〇三―五三九五―三六一五　業務

装幀者　中島英樹／中島デザイン

印刷所　株式会社ＫＰＳプロダクツ

製本所　株式会社国宝社

定価はカバーに表示してあります　Printed in Japan

N.D.C. 331　230p　18cm
ISBN978-4-06-535906-8

「講談社現代新書」の刊行にあたって

教養は万人が身をもって養い創造すべきものであって、一部の専門家の占有物として、ただ一方的に人々の手もとに配布され伝達されうるものではありません。

しかし、不幸にしてわが国の現状では、教養の重要な養いとなるべき書物は、ほとんど講壇からの天下りや単なる解説に終始し、知識技術を真剣に希求する青少年・学生・一般民衆の根本的な疑問や興味は、けっして十分に答えられ、解きほぐされ、手引きされることがありません。万人の内奥から発した真正の教養への芽ばえが、こうして放置され、むなしく滅びさる運命にゆだねられているのです。

このことは、中・高校だけで教育をおわる人々の成長をはばんでいるだけでなく、大学に進んだり、インテリと目されたりする人々の精神力の健康さえもむしばみ、わが国の文化の実質をまことに脆弱なものにしています。単なる博識以上の根強い思索力・判断力、および確かな技術にささえられた教養を必要とする日本の将来にとって、これは真剣に憂慮されなければならない事態であるといわなければなりません。

わたしたちの「講談社現代新書」は、この事態の克服を意図して計画されたものです。これによってわたしたちは、講壇からの天下りでもなく、単なる解説書でもない、もっぱら万人の魂に生ずる初発的かつ根本的な問題をとらえ、掘り起こし、手引きし、しかも最新の知識への展望を万人に確立させる書物を、新しく世の中に送り出したいと念願しています。

わたしたちは、創業以来民衆を対象とする啓蒙の仕事に専心してきた講談社にとって、これこそもっともふさわしい課題であり、伝統ある出版社としての義務でもあると考えているのです。

一九六四年四月　野間省一

哲学・思想Ⅱ

政治・社会

経済・ビジネス

世界史Ⅰ

世界史Ⅱ

J

知的生活のヒント

日本語・日本文化

P